설득의 신

내가 원하는 세상은
내가 만든다

 설득의 신

지 은 이 | 김한규
펴 낸 이 | 김원중

기　　획 | 김재운
편　　집 | 박성연, 박순주
디 자 인 | 변은경
제　　작 | 허석기
관　　리 | 차정심
마 케 팅 | 선혜원

초 판 인 쇄 | 2013년 9월 03일
초 판 발 행 | 2013년 9월 10일

출 판 등 록 | 제301-1991-6호 (1991.7.16)

펴 낸 곳 | (주)상상나무
　　　　　 도서출판 상상예찬
주　　소 | 서울시 마포구 상수동 324-11
전　　화 | (02)325-5191
팩　　스 | (02)325-5008
홈 페 이 지 | http://smbooks.com

ISBN　978-89-86089-34-9 (13320)

값 13,000원

설득의 신

내가 원하는 세상은
내가 만든다

김한규 지음

상상예찬

원하는 것을 얻을 수 있는 유일한 방법

설득에 관한 책들이 한동안 큰 인기를 누렸다. 싸워서 빼앗을 생각이 아니라면 원하는 것을 얻을 수 있는 유일한 방법이 설득이기 때문일 것이다.

하지만 그 많은 자료들 중에서 한국인만의 독특한 특징을 고려한 내용은 찾기 힘들었다. 물론 사람에게는 보편성이 있기 때문에 일반적인 대원칙을 세우는 것은 합리적인 일이다. 따귀를 맞으면 프랑스 사람만 아픈 것이 아니라 한국 사람도 아프기 마련이다.

하지만 보편성만을 바탕으로 하는 이론들은 명확한 한계를 가진다. 또 하나의 거대한 축인 고유성에 대한 연구가 빠져 있는 탓이다. 이슬람 문화권에서 성장한 사람의 마음을 얻으려면 코란을 알아야 하고, 에스키모와 친해지려면 대관령의 추위를 자랑하지 말아야 한다.

전 세계에는 200개가 넘는 나라가 있고, 그보다 훨씬 많은 민족들이 살아간다. 그 중에서도 한국인은 유대인, 일본인 등과 함께 손에 꼽힐 정도로 특별한 민족이다.

1945년 광복 당시에 이미 세계에서 가장 가난한 축에 들었던 대한민국은 한국전쟁을 겪으며 세계에서 가난한 나라가 되었다. 압록강, 두만강까지 합쳐도 조그마한 나라는 허리가 잘려 반으로 줄어들었고, 그나마 남아있던 생산시설은 대부분 북한 땅에 위치했다. 먹고 살기도 힘든 상황에서 매년 엄청난 돈을 국방비로 사용했고, 청년들은 인생의 황금기에 2~3년씩 국방의 의무를 다해야 했다.

지리적으로 가까운 나라들은 하나같이 만만치 않았다. 일본은 역사적으로 꼬일 만큼 꼬여있는 숙명의 앙숙이었고, 중국은 북한의 든든한 후원자를 자처했다. 그 위로 러시아 역시 우리 편은 아니었다. 한반도는 지리학적으로는 반도로 분류되지만, 정치외교학적으로는 적대국에 둘러싸인 섬나라였다.

　결정적으로 한국은 다른 분야에 비해서 정치력이 현저히 떨어진다는 평가는 받아왔다. 정치가 경제의 발목을 잡아왔다는 말이다. 세계와 경쟁하기도 힘든 상황에서 낮은 정치수준은 무거운 짐짝처럼 부정적으로 작용했다.

　그런데 한국인은 해냈다. '기적'이라는 표현이 어울리는 성장을 이루어낸 것이다. 서양 열강이 200년 걸린 일들을 한국은 불과 60년 만에 해치워 버렸다. 고무신 만드는 것도 버겁던 나라가 첨단산업에서 세계를 선도하고 있다. 세계 최고 기업인 애플과 맞상대를 벌이고 있는 유일한 나라가 한국이다. 전자왕국 일본의 몰락이 한국 기업들의 약진 때문이라는 기사가 더 이상 새롭지 않은 요즘이다. K-POP의 노랫가락에 아시아는 물론이고 세계인의 어깨가 들썩거린다.

　외국인들에게는 이런 한국은 도저히 이해할 수 없는 도깨비 같은 나라이다. 한국인을 설득하려면 이처럼 역동적이고 변화무쌍한 한국인만의 심리적 특징을 알아야 한다. 이 특징들을 1장에 정리한 '흥(興)', '변(變)', '비(比)', '연(緣)', '정(情)', '충(忠)', '예(禮)'의 7자에 담았다. 이는 정확히 대응되는 단어가 없어서 번역하기도 어려울 만큼 다른 나라에서는 찾아보기 힘든 특징들이다.

천국에서 경찰관은 영국인이고, 요리사는 프랑스인이고, 기술자는 독일인이고, 애인은 이탈리아인이며, 스위스인이 모든 조직을 관리한다.

지옥에서 요리사는 영국인이고, 기술자는 프랑스인이고, 애인은 스위스인이고, 경찰관은 독일인이며, 이탈리아인이 모든 조직을 관리한다.

각국 사람들의 특징을 반영해서 만들어진 유머이다. 한국인 역시 고유의 개성을 가지고 있기 때문에 이를 파악하지 못하면 한국인의 마음을 제대로 공략할 수 없다. 빌보드 차트를 휩쓰는 음악보다 국내 가요 프로그램을 석권하는 음악이 훨씬 인기 있는 나라가 한국이다. 매운 음식을 먹으면서 시원하다고 말하는 지구상 유일한 민족을 고유성에 대한 이해 없이 설득하는 것이 가능하다고 믿는가?

2장에서는 한국인의 심리적 특징을 활용할 수 있는 설득의 비법들을 담았다. 서로 상반되는 개념들을 7개의 그룹으로 묶어서 알기 쉽게 설명했다. 이는 한국인은 물론이고 세계인에게도 통하는 방법들이다.

3장에서는 심리를 알고 설득하면 성공할 수 있다는 이 책의 대주제를 증명하고자 했다. 한국과 세계의 성공사례 28가지를 7개의 테마로 나눠 1장과 2장의 원칙에 따라 분석했다.

마지막으로 4장에서는 기존에 알려진 수많은 이론들을 연구하고 이를 압축해서 정리했다. 이 책 한 권으로 다양한 설득 상황의 핵심을 파악할 수 있기를 기대해 본다. 1장에서 한국인의 심리

적 특징 7가지를 이해하고, 2장에서 이에 따른 설득 비법 7개를 익
힌 후에 3장에서 성공사례에 적용해봤다면 4장에 담긴 노하우들
도 충분히 흡수할 수 있다고 믿는다.

삼각지 집무실에서

김 한 규

정신적 갈등과 심리적 아픔을 씻어주는 보약

설득이란 의사소통을 통해 다른 사람의 태도나 행동양식을 변화시키는 기술이다. 다시 말해서 듣는 이로 하여금 자신의 의도한 바를 긍정하고 수용하게 하는 것이다. 누군가의 태도나 신념을 바꾸고자 할 때, 또는 자기편으로 끌어들이거나 어떤 영향이나 감화를 주고자 할 때, 제품이나 아이디어를 팔고자 할 때 등 삶의 모든 분야에서 설득은 필수적이다.

이처럼 세상을 살면서 누군가를 설득해야 하는 일은 참으로 많다. 또한 내 자신도 모르게 설득을 당해 원하지 않은 결과를 가져오는 경우도 있다. 로버트 치알디니는 〈설득의 심리학〉에서 내가 무엇인가에 속고 있을 때는 남이 진실을 말해줄수록 거짓의 충격을 피하기 위해 거짓에 더 집착하게 된다는 이론을 제시한다.

이 책의 저자는 이러한 설득심리학 이론을 한국인의 심리적 특성과 정서에 접목시켜 가장 현실적이고 과학적인 치유의 비법을 찾아낸다. 이 작업은 단편적이고 학술적인 연구가 아니라 자신의 독특한 현장 경험과 오랜 경륜에서 비롯된 체험의 산물이다.

저자는 이미 〈설득의 달인〉이라는 저서를 통해 설득커뮤니케이션 이론은 물론, 실전적인 설득 기법을 창안하는가 하면, 무려 500여 회 이상의 설득커뮤니케이션 강연을 한 '설득의 신' 이다.

설득은 명령이나 강요와 달리 자발성을 유발하므로 실제 행동에서의 효과는 놀랄 만하다. 상대가 자신의 설득을 받아들이면 구체적으로 어떤 이득을 얻을 수 있는지 정신적으로 심어준다.

논리나 데이터만으로 인간을 설득시킬 수는 없다. 인간은 '납득하는 것'은 좋아하지만 '설득당하는 것'은 매우 싫어하기 때문이다. 이를 염두에 두고 저자는 한국인의 특성에 걸맞는 상황별, 유형별 설득 비법을 가장 현실적이고 적나라하게 제시하고 있다. 현대인들이 겪는 정신적 갈등과 심리적인 아픔을 설득 테크닉으로 통쾌하게 씻어주는 보약을 듬뿍 담아 둔 것이다.

이 한 권의 책이 독자들에게 마음의 청량제가 되었으면 하는 바람이다.

문학박사, 극작가

성동민

차 례

한국인의 심리학 1장

한국인 & 세계인의 성공학 

상황별 설득비법 4장

한국인의 심리학

한국인은 흥이 나면 기존의 통계나 예측을 우습게 뛰어넘어버린다.
한국사람을 설득할 때 흥(興)을 고려하지 않는 것은 제갈공명을 빼고
삼국지를 이해하려는 것만큼 어리석은 일이다.

persuasion
説得
説得
convicción
Überredung
убеждение
persuasi

흥(興): 한국인에게 '흥'을 빼면 제갈공명 없는 삼국지

한국인이 있는 곳에 신바람 분다

외국인들이 한국사람의 인상적인 면을 말할 때 빠지지 않는 것이 속도에 관한 내용이다. 일을 처리하는 과정도 급하고 감정의 변화도 빠르다는 것이다.

이는 한국인 고유의 정서와 관련이 있다. 바로 흥겨움이다. 한국인들은 고단한 노동과 일상의 무게를 이겨내기 위해서 흥겹게 생활하며 고통을 줄이는 방법을 터득했다. 이는 고유의 DNA가 되어 지금까지도 전이되고 있다.

중국 진나라의 진수가 쓴 〈삼국지 위지동이전〉에 이미 선조들이 음악을 연주하며 춤추고 노래 부르기를 좋아한다는 기록이 남아있을 정도이다. 당시 중국인들이 보기에도 우리 선조들의 노랫가락과 춤사위가 남달랐던 모양이다. 농악은 오늘날까지 남아있는 한국적인 흥(興)의 증거이다. 힘든 농사일을 하면서 푸념을 늘어놓기보다는 노래를 불렀던 것이 그 시작이다. 세계적으로 인정받는 사물놀이의 흥겨움은 농악이 가지는 힘을 잘 보여준다.

민족의 기질이라는 것은 쉽게 변하는 것이 아니다. 우리나라에 노래방이 처음 들어온 후 전국에 보급되는 속도는 기네스북에 등재되고도 남을 정도였다. 노래방 문화의 원조인 일본인들도 두 손을 들었고 전 국민이 가수라는 농담이 유행했다.

회식자리나 신입 환영식에서도 노래가 빠지는 법이 없다. 주부를 대상으로 하는 노래교실이 호황을 누리고, 음치 클리닉이 우후죽순처럼 생겨난다. 결혼식에서 주례는 생략해도 축가는 부르는 것이 우리의 문화이다. '슈퍼스타 K' 오디션에 200만 명 이상의 지원자가 몰려든다. 지구촌 어느 나라에서 케이블 텔레비전 프로그램 오디션을 보기 위해 국민의 4% 이상이 모이겠는가?

신이 나면 아무도 말릴 수 없고 누구도 하지 못한 일들을 해내는 사람들이 한국인이다. 2002년 한일월드컵 때 자발적으로 벌인 길거리

응원전은 지구촌의 화젯거리였다. 순식간에 길거리에서 응원하는 문화가 만들어지면서 수백만 명이 붉은 티셔츠를 입고 거리로 나왔다.

한국은 원래 자생적인 컴퓨터게임 문화가 발달하지 않은 나라였다. 게임 왕국 일본에서 만든 게임기가 오랫동안 한국 어린이들의 정서를 지배했다. '게임보이'부터 '플레이스테이션'까지 기계는 바뀌었지만 'MADE IN JAPAN'은 변하지 않았다.

하지만 온라인 게임으로 시장의 룰이 바뀌자 판세가 요동치기 시작했다. 여러 명이 어울려서 신 나게 즐기는 네트워크 게임으로 프레임이 변하자 한국인이 폭풍처럼 움직이기 시작했다. '리니지'로 상징되는 한국형 온라인 게임들은 순식간에 한국인을 매료시키고 세계로 뻗어 나갔다. 온라인 게임의 종주국인 미국의 게임들도 한국시장에서는 맹주 자리를 쉽게 차지하지 못했다.

이런 모습의 절정은 한류 문화에서 볼 수 있다. 불과 얼마 전까지 아시아 문화의 중심은 단연 일본이었다. 아무로 나미에, 미야자와 리에 등 일본의 톱 아이돌들이 우리 아이들의 책받침을 장식하고 '논노'라는 일본의 패션 잡지가 한국 청소년들의 패션 스타일을 결정하던 것이 불과 십여 년 전의 일이다. 일본문화가 전면개방되면 우리 문화가 모조리 잡아먹힌다며 개방의 규모를 줄이고 시기를 미루던 때도 있었다.

하지만 이제는 그런 일들을 마치 먼 옛날의 추억처럼 말하고 있다. K-POP 전사로 불리는 가수들이 일본과 중국은 물론이고 아시아 전역을 들썩이게 하고 있다. 소녀시대와 카라는 일본 오리콘 차트에서 1위 하는 모습을 마치 국내가요 프로그램에서 1위를 차지하는 것처럼 자주 연출한다. 슈퍼주니어가 대만에서 얻은 인기는 미국의 팝스타들을 모두 뛰어넘었다. 싸이는 빌보드 차트에서 오랫동안 2위 자리를 차지하며 기염을 토했는데 더욱 놀라운 것은 그 순위까지 올라가는 무서운 속도였다.

한국인은 이처럼 흥이 나면 기존의 통계나 예측을 우습게 뛰어넘어버린다. 한국사람을 설득할 때 흥(興)을 고려하지 않는 것은 제갈공명을 빼고 삼국지를 이해하려는 것만큼 어리석은 일이다.

시작이 좋으면 반은 설득한 셈

살다 보면 처음 만났는데 다시 보고 싶은 사람이 있는가 하면 자주 보는데 그만 봤으면 싶은 사람도 있다. 한 번을 만나도 긍정적인 인상을 강하게 남기며 상대방을 기분 좋게 만들려면 첫인상을 잘 만들어야 한다. 사람은 상대방의 외모와 표정, 몸짓, 말씨 등과 같은 최초의 이미지에 따라 일차적으로 상대방을 판단하게 되기 때문이다.

일반적으로 첫인상에서 매력적이라고 하는 것은 이목구비가 뚜렷한 얼굴이지만, 이보다 더 중요한 요소들이 있다.

우선 환하게 웃는 표정이 중요하다. 웃는 얼굴에 침 못 뱉는 것은 예나 지금이나 마찬가지다.

그리고 깔끔한 외모관리가 필요하다. 잘 생겼다거나 명품으로 온 몸을 두르는 것을 말하는 것이 아니라 단정하게 정리된 헤어스타일, 깨끗하게 세탁하고 다린 옷, 살짝 풍기는 기분 좋은 화장품 향기 등을 말하는 것이다.

상대방과 시선을 맞추는 것도 중요하다. 눈에서 빛이 나고, 초점이 정확하며, 상대방을 똑바로 바라볼 수 있어야 한다. 자신감과 의욕, 긍정적이고 능동적인 사고, 관심과 배려가 엿보여야 한다. 위압적이거나, 느끼하거나, 불만스러운 눈빛은 '마음의 창'이 아니라 '지옥으로 가는 문'이디.

올바른 자세도 필수적이다. 바른 자세는 정직하고 당당한 느낌을 준다. 허리가 구부정하거나 항상 입을 벌리고 있는 사람은 무기력하거나 멍청한 사람으로 보일 각오를 해야 한다.

만나자마자 처음으로 건네는 말 역시 첫인상을 결정하는 중요한 요소이다.

예시 1

"안녕하세요? 김OO라고 합니다. 제가 찾아온 목적은……."

"아, 네."

　"안녕하세요? 김OO라고 합니다. 근데 어디서 많이 뵌 분 같네요? 혹시 연예인 누구 닮았다는 얘기 많이 듣지 않으세요?"

　"어머, 누구요?"

　둘 중 누가 호감을 주었을지는 뻔하다. 예시2의 경우처럼 상대방이 호기심을 보였다면 첫 만남은 성공적인 셈이다.

　에서처럼 곧바로 자신의 목적을 드러내게 되면 여유가 없거나 고정된 틀에 갇힌 사람으로 인식되기 쉽다. 이런 만남은 대부분 일회성으로 끝난다.

　물론 첫인상만 가지고 사람을 판단하는 것은 바람직하지 않다. 처음에는 별로였지만 만날수록 장점이 나타나는 사람도 적지 않기 때문이다. 하지만 첫인상으로 많은 부분의 판단이 종료되고 다시 기회를 얻기가 쉽지 않기 때문에 첫인상은 무조건 좋게 남기고 볼 일이다.

　마지막으로 명심해야 할 것이 있다. 인간은 망각의 동물이기 때문에 나를 확실히 인식시키기 위해서는 효율적인 첫 만남 후에 인간의 최소망각시간인 48시간이 넘기 전에 다시 만나거나 연락을 해야 한다. 그래야 처음 만났을 때의 이미지를 유지하고 상승시킬 수 있다.

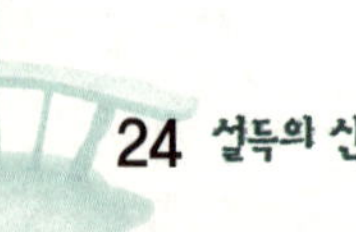

칭찬은 모든 문을 여는 열쇠

칭찬은 이미 대화의 기술과 성공의 법칙에서 높은 위치를 차지하고 있는 영역이다. 상대방에게 호감을 얻거나 동의를 구할 때 가장 효과적인 것이 바로 칭찬이다. 누구나 칭찬을 들으면 신이 나기 때문에 기분 좋은 상태에서 쉽게 마음을 연다. 칭찬은 고래도 춤추게 한다고 하지 않던가?

성공한 사람들의 공통점이 있다면 바로 칭찬을 아끼지 않는다는 것이다. 그들은 남의 좋은 점을 찾아내서 적극적으로 표현하는 칭찬의 달인이다. 칭찬을 적절히 사용하면 아주 강력한 동기유발의 수단이 될 뿐 아니라 기대 이상의 결과도 만들 수 있다.

물론 칭찬과 아부를 혼동해서는 안 된다. 칭찬은 실제로 존재하는 장점을 찾아 극대화하는 화술이고, 아부는 있지도 않은 사실을 믿게 하는 사기술이다. 칭찬의 시작은 상대방의 장점을 찾아내는 것이다. 대화상대의 뛰어난 점을 진심으로 인정하는 것보다 더 강력한 칭찬은 없다.

칭찬은 기술이다. 위대한 리더, 성공적인 사업가, 훌륭한 부모들은 모두 칭찬에 능숙하다. 칭찬에서 최대의 효과를 얻으려면 다음의 세 가지 원칙을 만족시켜야 한다.

첫째, 즉시 칭찬하라. 칭찬은 빨리할수록 효과가 크다. 기업에서 6개월이나 1년마다 인사고과를 하는 것은 매우 잘못된 방법이다. 시간이 많이 지난 후에 보상하는 것은 효과가 떨어진다.

둘째, 구체적으로 칭찬하라. 옳은 행동을 했을 때 자세하게 행위를 상기시키며 칭찬해 주는 것이 좋다. 그러면 그 행동은 반복적으로 이루어지고 습관으로 남게 된다. 막연하게 칭찬하면 듣는 사람은 뭘 잘했는지 정확하게 파악하지 못하기 때문에 같은 행동을 다시 할 가능성이 낮아진다.

예를 들어 직원에게 "정말 잘하고 있어."라고 말하기보다는 "20쪽 분량의 보고서를 이틀 만에 끝내다니 정말 대단해."라고 말해라. 그러면 다음 보고서도 제 시간 안에 완성될 가능성이 훨씬 높아진다.

셋째, 많은 사람들 앞에서 칭찬하라. 꾸중은 혼자 있을 때 하고 칭찬은 여러 사람이 있는 곳에서 해야 한다. 칭찬을 받을 때 주변에 사람들이 많을수록 자부심과 자긍심은 더 높아지기 때문에 효과는 기하급수적으로 커진다.

칭찬을 통해서 좋은 습관을 심어주기 위해서는 '연속적 강화'로 시작해서 '단속적 강화'로 마무리해야 한다. 대상이 되는 사람이 특정행동을 할 때마다 칭찬하는 것을 연속적 강화라고 한다. 바람직한 행동을 할 때마다 칭찬하면 그 행동은 반복되고 결국 습관으로 굳어진다. 일단 그 행동이 습관으로 굳어진 다음에는 단속적 강화로 바꾸어야 한다. 단속적 강화란 매번 칭찬하는 것이 아니라 세 번째, 또는 네 번째마다 칭찬하는 것을 말한다.

습관으로 굳어진 후에도 연속적 강화를 하게 되면 칭찬이 진실로 들리지 않기 때문에 오히려 의욕을 떨어뜨릴 수 있고 행동을 중지하게 만들 수 있다. 습관이 된 상태에서의 단속적인 강화는 그 행동을 무한정 반복하게 할 수 있다. 이것은 '접시 돌리기'와 같다. 처음에는 빠른 속도로 돌려야 하지만 접시가 안정을 찾은 다음에는 가끔씩 자극을 주어도 잘 도는 것처럼 말이다.

들는 이에게 올바른 습관을 심어주고 싶다면 옳은 일을 했을 때 즉시 구체적으로 남이 보는 앞에서 칭찬하되 빈도를 서서히 줄여가야 한다.

웃기면 상대가 손을 내민다

한국인들은 웃지 않기로 유명하다. 서양인들이 동양인 사이에서 한국인을 구별하는 방법으로 화난 얼굴을 찾는다는 말이 있을 정도이다.

이런 특징은 전통과도 연관이 있다. 과거 양반이나 군자들은 웃는 것을 가벼운 행실로 간주했다. 특히 남자가 쓸데없이 웃으면 신뢰가 떨어지고 큰일을 하지 못한다고 생각했다.

폭풍처럼 진행된 근현대사를 겪으면서 웃음은 더욱 줄어들었다. 피로 물든 역사를 목격하며 살아온 사람들에게 풍부한 유머와 넘치는 위트를 기대하는 것은 코미디일 것이다.

하지만 이제는 웃는 사람이 호감을 주고 실력 있어 보인다는 인식이 널리 퍼졌다. 유머 감각이 뛰어난 사람이 폭넓은 인간관계를 갖는다는 것을 많은 사람들이 체험으로 느끼고 있다. 각박한 세상에서 웃을 수 있다는 것은 그만큼 정신적으로나 물질적으로 여유 있는 생활을 하고 있다는 증거다. 여성들이 배우자를 고르는 조건에도 유머는 높은 순위에 올라 있다. 개그맨이나 코미디언에 대한 대우가 과거와 비교할 수 없을 만큼 높아진 것은 유머의 가치가 인정받고 있다는 강력한 증거이다. 지금은 예능 프로그램을 주름잡는 유머의 달인들이 최고의 명사로 통하는 세상이다.

웃는 것도 하나의 생활습관이고, 사고방식에서 오는 현상이다. 긍정적이고 적극적이고 도전적인 사람들은 항상 웃을 수 있는 여유를 가진다. 그렇지 못한 사람들은 잘 웃지 않을 뿐만 아니라 온 세상의 문제를 혼자 다 짊어진 듯 살아간다. 이제는 행복해서 웃는 것이 아니라 웃으면 행복해지는 인간 심리를 적극적으로 활용해서 웃음 그 자체에 관심을 둘 필요가 있다.

동서양의 의학에서는 웃음으로 우리 몸의 병을 고치려는 많은 연구가 진행되고 있다. 실제로 '웃음 전도사' 나 '웃음 치료사' 들이 건강 유지에 상당한 역할을 한다. 만병통치약이 바로 웃음이다.

요구가 받아들여지지 않았거나 설득에 실패했을 때도 웃는 표정을 잃지 말아야 한다. 미소를 띤 얼굴로 상대방의 입장을 충분히 들어 주어야 한다. 다음 기회를 노려야 하기 때문이다.

어떤 모임이나 회의가 진행되기 전이나, 첫 만남에서 호감을 줄 수 있는 말도 역시 유머이다. 모임에서 주도권을 가지는 사람은 틀림없이 유머의 일인자들이다.

유머는 긴박한 순간을 모면하게 하는 힘도 지니고 있다. 아무리 불만에 차 있던 상대방이라도 유머러스한 분위기에 젖어들면 불쾌한 감정을 잊어버리게 된다.

문제는 이런 유머의 진가를 알고 있으면서도 유머를 구사하지 못하는 경우가 많다는 점이다. 유머는 그냥 우스갯소리가 아니라 자기의 철학이 내재되어 있다고 생각하여야 한다. 유머는 성공으로 가는 또 다른 지름길이기도 하다. 사람을 웃게 하는 기술은 4장에 자세히 정리하기로 한다.

변(變): 강한 자 vs 변하는 자, 승자는 누구?

강한 자가 아니라 변하는 자가 이긴다

'적자생존의 법칙'은 자연계의 진리이다. 그런데 여기서 '적자'란 '적응한 자'라는 뜻이지 '강자'를 뜻하지는 않는다. 빙하기가 찾아오자 먹이가 줄어들면서 덩치가 큰 동물들은 멸종하고 말았다. 살아남은 종은 한정된 먹이를 확보하기 유리한 작고 빠른 동물들이었다.

사람 사는 세상도 마찬가지이다. 모든 것은 변한다. 과거 일본의 동경대 졸업생들이 가장 가고 싶어 했던 회사는 석탄공사였다. 하지만 연료의 유류화가 진행되면서 에너지의 중심축이 석탄에서 석유로 이동했고, 석탄공사를 평생직장으로 택했던 동경대 졸업생들은 깊은 상실감을 느껴야 했다.

동양의 고전인 〈주역〉은 내용이 어렵고 분량이 방대해서 평생을 배우고 익혀도 그 내용을 다 파악하기 어렵다고 한다. 하지만 그 정수를 한 단어로 요약하면 바로 '변할 변(變)'이다.

이는 설득은 물론이고 성공을 위한 중요한 개념이다. 수많은 위대한 성공자들이 시대의 변화를 미리 알고 남보다 빠르게 움직인 덕에 전설적인 업적을 남겼다. 불가능한 협상을 성공하게 한 인물들 역시 하나같이 변신의 귀재들이었다.

한국인들은 보수적인 성향이 강해서 쉽게 바뀌는 사람들이 아니다. 단발령이 내려도 머리가 잘릴지언정 머리카락은 못 자르겠다고 버티는 것이 우리네 정서이다.

하지만 한국인은 한 번 바람이 불면 무시무시한 속도로 변하는 민족이기도 하다. 허허벌판을 도시로 변신시키는데 1년 남짓이면 충분한 사람들이다. 발라드가 유행하다가 힙합이 대세를 형성하는 데 걸리는 시간도 극히 짧다. 몇 년 쉬다가 돌아온 작곡가들은 트렌드를 따라가지 못하는 곳이 한국음악시장이다.

한국의 건설사들이 일본과 유럽의 막강한 라이벌들이 장악하고 있던 세계 시장에서 빠르게 두각을 나타내며 최고의 경쟁력을 확보한 원동력도 변하는 재주 때문이었다. 전 세계 어느 현장에서도 순식간에 적응을 완료하고 미친 듯이 공사를 진행했다. 사막의 낮이 너무 더우면 밤에 일했고, 뱀이 자주 출몰하면 잡아서 술을 담았고, 토착민의 반발이 심하면 그들과 친구가 되었다.

한국인은 뭐든지 빨리 한다. 속도와 변화를 중시하기 때문이다. 외국인이 가장 먼저 배우는 한국어가 '빨리빨리' 라고 하니 더 말할 필요가 없을 것이다. 근대화와 산업화를 이루는 과정에서 우리보다 한참 앞선 선진국들을 따라잡기 위해 불철주야 노력한 세월 동안 붙은 습관일 것이다. 우리는 이렇게 빨리 움직여서 고도성장과 압축성장을 이루었다. 전후 독일이 이룬 '라인 강의 기적' 을 가뿐히 뛰어넘는 '한강의 기적' 은 우리 손으로 만든 걸작이다.

역동적인 한국을 나타내는 국가브랜드 전략으로 '다이내믹 코리아' 가 선정된 바 있고, 한강 다리들은 변화를 중시해 사용된 공법과 생긴 모양이 모두 다르다. 장기 투자보다는 초단타 매매가 대세이고, 어딜 가나 패스트푸드 점포가 없는 곳이 없다.

삶에 여유가 없어지고 느림의 미학을 잃어버리는 누를 범하는 것을 경계한다면 이런 성격은 속도와 변화가 생명인 21세기 정보통신시대에 적합하다. 한국인을 설득하기 위해서는 변할 줄 알아야 한다. 미괄식보다는 두괄식의 글을 써야 하고, 프레젠테이션할 때는 핵심 위주로 짧게 준비해야 한다. 기획서를 쓸 때는 한 장짜리 보고서를 쓴다는 마음가짐이 필요하다.

너무 강하면 쉽게 부러진다

"김 부장님! 이건 꼭 하셔야 합니다. 이유가 필요 없습니다. 무조건 하셔야 합니다."

"아니, 이유도 없이 말입니까?"

"오늘이 이벤트 마지막 날입니다. 생각하고 말고 할 겨를이 없습니다. 먼저 가입하시고 설명은 나중에 자세히 해 드리겠습니다. 이제 몇 시간 안 남았어요. 오늘 지나서 이 상품에 가입하려면 돈이 더 많이 들어갑니다."

"죄송합니다. 아무리 친구의 소개라 하지만 자세한 설명 없이는 가입하지 않겠습니다."

늦은 오후 어느 카페에서 두 사람의 조용한 실랑이가 벌어졌다. 친구의 소개로 왔다는 보험회사 직원이 다급하게 인사 몇 마디를 건네고는 바로 보험 상품을 꺼내 들었다.

종종 이처럼 막무가내로 보험 가입을 종용하는 사람들이 있다. 어쩌면 그들 나름대로 영업 전략일 수도 있다. 홈쇼핑에서처럼 마감이 임박했다며 긴장감을 조성하여 소기의 목적을 달성하려는 전략이다. 하지만 아무리 시간이 없더라도 위의 예처럼 막무가내식의 밀어붙이기로 일관하는 방식은 올바르지도, 그다지 성과가 나오지도 않는다.

인간은 태어나면서부터 강자에 대한 열등의식과 이에 대한 반발심을 잠재적으로 가지고 있다. 다시 말하면, 강자와 자신을 동일시하고자 하는 '동일시 현상'이 나타나기 전까지는 강함에 대한 강력한 반발이 존재할 수밖에 없다. 사제 관계라든가 직장의 상하관계처럼 쉽게 바꿀 수 없는 관계가 아닌 이상 상대의 강한 주장이나 설득에는 반발이 앞설 뿐 절대 인정이나 수긍을 하지는 않는다.

또 한 가지 간과해서는 안 될 것은 강한 사람조차도 자신이 강하다는 자각이 없다는 점이다. 강하다는 것은 자신의 주장이 상대방에게 주입되거나 받아들여지는 강도가 높다는 의미이다.

이런 사람들은 자신의 주장을 강요하면서 여러 가지 방법들을 사용한다. 자기주장이 강한 사람들이 사용하는 수사법은 '강조법'이다. 즉, 반복법, 열거법, 도치법 등의 방법을 많이 쓴다.

그리고 상대방을 제압하기 위해서 큰 소리를 내거나 상대방의 말을 자르기도 한다.

이렇게 강한 사람들의 또 다른 특성도 살펴보자.

자기주장이 강한 사람은 상대방을 한 방에 보내려는 욕심을 가지고 있다. 하지만 상대방은 절대로 한 방에 넘어가지 않는다는 사실을 알아야 한다. 답답하다고 해서 언성을 높이고 얼굴이 시뻘겋게 변해 호통을 치지만 오히려 역효과를 가져올 뿐이다.

또 다른 특징은 대부분 설득 욕구가 강하며 자기 논리가 뚜렷하다는 것이다. 상대방은 대응 논리를 개발할 겨를도 없이 일방적으로 듣거나 당해야 한다. 하지만 상대방은 그의 말에 절대 호응하고 있지 않은 경우가 대부분이다. 물론 상대가 연하이거나, 지위나 계급이 낮다면 이야기를 들을지 모르지만, 그렇다 하더라도 건성일 뿐이다. 들어 주는 척만 할 뿐, 이야기에 몰두하거나 동의하는 것은 절대 아닐 것이다.

그것은 이야기의 내용이 잘못되었기 때문이 아니라 이야기 하는 방식이 잘못되었기 때문이다. 아무리 좋고 옳은 이야기라도 강압적인 분위기에서 들으면 상대방은 거부감을 가진다.

마지막 특징은 상대방의 입장을 헤아려 주지 않는다는 것이다. 정확한 자료와 정보를 가지고 자신의 전문 분야에 대해 이야기해도 상대방이 귀 기울이지 않는다는 것은 상대방의 상황이나 입장을 전혀 고려하지 않고 있다는 방증이다.

프레젠테이션하는 사업가라든가 교사·강사·교관 등 남에게 자신의 이야기를 전하는 사람들은 이런 경험을 한 적이 있을 것이다. 기가 막힌 프레젠테이션이나 강의를 한 것 같은데 정작 듣는 사람들은 무슨 말인지 알아듣지 못했다거나, 반대로 최악의 조건에서 엉망진창의 강의를 한 것 같은데 상대방의 이해와 감동을 이끌어냈던 경험 말이다.

이런 상황이 벌어지는 핵심 원인은 어디에 있을까?

바로 상대방의 입장에서 판단하느냐 자기 위주로 판단하느냐 하는 데서 오는 차이이다. 상대방을 생각하지 않는 자기 위주의 판단과 설득은 엄청난 부작용을 가져오고 자신이 주체할 수 없는 결과로 이어진다.

강하면 꺾이거나 부러지기 쉽다는 것을 알아야 한다. 바람이 강할 때 갈대가 몸을 눕히는 것은 비굴해서가 아니라 지혜롭기 때문이다. 태풍에 맞서다 허리가 부러진 고목이 좋아 보이는가? 강하게만 나가서는 어떤 일이든 성사되기 어렵다. 우선 당장은 내 뜻이 관철되었거나 설득에 성공한 것처럼 보일지 모르지만 결국 손해로 돌아온다.

좀 더 부드럽고 차분하게 상대의 이야기를 들어주고, 상대의 의견을 존중하면서 자신의 주장을 펼쳐야 한다. 모난 돌이 정을 맞고, 송곳은 주머니를 뚫고 밖으로 삐져나온다.

흐름을 읽어라

세월이 지나도 사랑받는 배우와 연인의 공통점은 시시각각 변화하면서 다양한 매력을 발산한다는 점이다. 관객이나 연애 대상자가 지루함을 느낄 틈을 주지 않는다.

설득할 때도 마찬가지이다. 세 가지 변화에 주목하면서 시시각각 접근방법을 달리해야 한다. 이순신 장군이 23전 23승의 신화를 창조할 수 있었던 것은 상황에 따라 전략을 달리 사용했기 때문이다.

세력의 흐름을 읽어야 한다. 힘의 균형이 어느 쪽에 쏠려있으며 어디로 이동하는가를 파악해야 한다. 조선업이 호황인데 엉뚱한 업종 종사자들에게 차를 팔려는 세일즈맨은 성공하지 못한다.

시대의 흐름을 읽어야 한다. LCD가 오랫동안 경제를 떠받치는 효자상품이 될 것처럼 선전하기 시작한 지 불과 몇 년 만에 찬밥 신세가 되고 말았다. LED의 등장과 중국의 과잉투자 때문이었다. 뒤늦게 LCD 공장을 지은 업체의 사정은 말로 표현하기 힘들다.

인심을 읽어야 한다. 모든 일을 최종적으로 결정하는 것은 기계나 자본이 아닌 사람이다. 아무리 뛰어난 프레젠테이션도 복잡하게 얽혀있는 앙금을 넘기는 어려운 일이다.

세 가지 흐름을 읽어낸 후 혁신적인 변화에 성공한 사례들을 소개하겠다.

1977년, 삼성 그룹의 미래를 가르는 운명의 순간이 찾아왔다. 파산 위기에 직면한 한국 반도체 인수를 결정하는 일이었다. 당시 이건희는 반드시 인수한다는 입장이었고, 결국 삼성은 한국 반도체를 인수해 삼성전자와 합병했다. 이것이 바로 오늘날 삼성 반도체 신화의 시작이었다.

삼성의 운명을 바꾼 두 번째 결단은 1993년의 '신경영 선언'이다. 이건희는 삼성 브랜드가 해외에서 받는 푸대접에 충격을 받고 사장단과 핵심 간부를 소집해 "아내와 자식 빼고 모두 바꿔라."고 말하며 일갈했다. 1995년, 무선전화기 품질 불량 사건이 터졌을 때는 500억 원 상당의 불량제품을 쌓아놓고 제품 화형식까지 하면서 품질경영을 강조했다. 한국 최강의 기업이 된 삼성은 이때 탄생했다는 분석이 지배적이다.

일본의 갑부 손정의는 재일조선인으로 태어나 거대한 성공을 거두었다. 그의 인생은 변화를 예측하고 과감하게 승부수를 던지는 도전의 연속 이었다. 그는 고등학교 때 미국 버클리 대학으로 4주간 어학연수를 다녀온 후로 미국 유학을 결심했다. 당시 극히 이례적인 일이었지만 빠르게 변하는 세계의 중심인 미국을 체험하고 싶었다.

유학시절 과학 잡지에서 인텔의 마이크로프로세서 사진을 본 후 IT의 시대가 다가오고 있음을 직감한 손정의는 정보기술 관련 발명을 통해 종잣돈을 마련하기 위해 하루에 5분을 투자해 1가지씩 발명 아이디어를 찾기 시작했다. 이때 고안한 전자음성 번역기를 샤프에 팔아 1억 엔의 종잣돈을 마련했다. 이 돈으로 그는 분신과 다름없는 소프트뱅크를 만들었다.

신생기업 야후의 최대주주가 된 것은 인생의 하이라이트였다. 그는 직접 창업주들을 만나 지루한 설득작업을 반복하면서 야후의 소유권을 손에 넣었다. 이렇게 인수한 야후 주식 덕분에 한때 빌 게이츠에 이어 세계 2위의 부자로 평가받기도 했다.

닷컴 거품이 무너지면서 바닥으로 추락한 그는 다시 시대의 변화를 예측하면서 재기에 성공한다. 2000년대 들어서 소프트웨어와 출판에서 통신으로 승부처를 옮긴 것이다. 인터넷의 가치를 미리 알아본 손정의는 일본 최초의 초고속 인터넷 사업을 성공시키며 재기한다. '파라솔 부대'로 불리는 공격적인 마케팅을 펼쳐 판촉 2년 만에 300만 가입자를 확보한 것이다.

2006년, 만년 꼴찌 통신업체 보다폰재팬을 인수해서 이동통신시장에 진출한 그는 누구보다 먼저 아이폰의 가치를 알아보고 스티브 잡스의 마음을 얻어 아이폰을 일본에 들여왔다. 그리고 보다폰재팬은 이동통신 시장에서 더는 꼴찌를 하지 않게 되었다.

GM, 포드, 크라이슬러 등 미국의 3대 자동차회사들이 고전하는 이유는 변화에 둔감했기 때문이다. 석유가격이 계속 오르자 일본의 자동차회사들은 기름을 적게 소비하는 소형차와 연비가 좋은 하이브리드 차량을 집중적으로 개발해서 세계시장을 장악했다. 도요타의 하이브리드 모델인 '프리우스'는 한동안 라이벌조차 없이 시장을 독점할 정도였다. 한국산 자동차들 역시 연비를 개선하고 다양한 옵션을 장착해 나날이 까다로워지는 소비자들의 기호를 충족시키며 승승장구했다. 하지만 미국산 자동차는 여전히 낮은 연비, 불친절한 옵션 등의 문제점을 개선하지 못하고 고전하고 있다.

최고의 변화는 변하지 않는 것

모든 것이 빠르게 변한다. 이런 시대에는 변하지 않고 가치를 지키는 모습이 최고의 설득력을 지닌다. 변의 최고봉은 불변이다. 변하면 안 되는 중요한 것들은 변화시키지 않으면 모든 문이 열린다. 변치 않는 '서비스의 신화'로 불리는 노드스트롬 백화점이 고객의 마음을 사로잡아온 과정을 살펴보자.

한 여성고객이 자동차 타이어를 노드스트롬에 반품하려고 찾아왔다. 고객은 영수증이 없었지만, 노드스트롬의 직원은 제품가격으로 얼마를 냈는지 물어본 후 기꺼이 돈을 돌려주었다. 특별한 점은 노드스트롬 백화점에서는 자동차 타이어를 판매하지 않는다는 점이었다.

노드스트롬 매장에 한 고객이 비행기 티켓을 두고 공항으로 갔다. 노드스트롬의 직원은 택시를 타고 공항까지 따라와 티켓을 전해주었고 고객은 무사히 비행기를 탈 수 있었다.

한 고객이 주름 잡힌 포도주색 바지를 저렴하게 사기 위해 세일기간 중에 노드스트롬 백화점을 찾았다. 하지만 상품은 이미 품절된 뒤였다. 매장 직원은 수소문 끝에 길 건너편 경쟁 백화점에 해당 상품이 있다는 것을 알아낸 후 그곳에서 정가에 바지를 구매해 할인판매 가격으로 고객에게 팔았다.

노드스트롬은 미국의 고급 백화점 체인이다. 1901년에 설립된 장수 기업으로 포천지 선정 500대 기업에 들어있는 강자이다.

눈부신 통신혁명과 기술의 발달로 기존 유통채널과 신 유통채널 간의 경쟁, 다양해지고 있는 고객의 요구 등 당면한 과제가 많지만, 노드스트롬은 성장의 핵심가치인 '고객을 위한 서비스'를 절대 포기하지 않았다.

노드스트롬은 고객에 대한 세심한 배려를 최우선으로 생각한다. '무조건적인 반품 정책'은 너무나도 유명하다. 고객이 반품을 요구하면 현금으로 무조건 반환해주는 정책이다. 이런 결정은 지배인이 아닌 판매사원 스스로 결정할 수 있다.

이런 조건 없는 반품 정책은 악용될 소지도 있다. 하지만 노드스트롬의 철학은 '정직하지 않은 소수 때문에 다수가 피해를 보는 일이 없어야 한다'는 것이었다. 노드스트롬은 이 정책을 통해 약간의 손해를 보고 천문학적인 구전광고 효과를 얻었다.

비(比): 배고픈 건 참아도 배 아픈 건 못 참아!

친구 따라 강남 가는 사람들

복장이나 장신구는 그 사람의 타고난 신분을 나타내는 중요한 기능을 가진다. 태어나면서부터 신분이 정해진 봉건사회뿐만 아니라 세습적 신분이 없어진 현대 사회에서도 우리는 신분에 대한 생각에서 완전히 자유로울 수 없다.

봉건질서가 무너지고 근대화된 21세기에는 누구나 평등한 시민이기 때문에 신분갈등 또한, 사라진 것처럼 보인다. 그러나 평등사회 속에서도 비교하고 경쟁하려는 심리는 남아있어 새로운 갈등을 낳고 있다. 신분사회에서 귀족들과 특정계층에 한정되었던 비교심리가 현대 사회에서는 대중적인 비교심리로 확장된 것이다.

입는 것, 먹는 것, 거주하는 것 등 소유와 소비에 대한 경쟁이 과열되었다. 남보다 더 멋진 옷, 더 비싸고 격조 높은 먹을거리, 더 넓은 평수의 아파트 등으로 비교심리가 확대된 것이다. 문제가 되고 있는 사교육비 문제도 대중적 비교심리에서 오는 현상이라고 할 수 있다. 순수하게 자신의 아이들을 교육한다는 심리보다는 남들보다 뒤지지 않고 더 많이 해야 한다는 비교심리가 기저에 깔렸기 때문이다.

일반적으로 비교심리가 가장 두드러지게 나타나는 현상은 '유행'이다. 유명 연예인이 입는 옷과 장신구는 불티나게 팔리고 비슷한 머리 모양이 유행한다. 유명 연예인과 자신을 비교하면서 닮아가려는 심리 때문이다. 주변의 누군가가 연예인을 모방하면 질 수 없다는 비교심리가 자기도 모르게 발동하게 된다.

최근에는 남성들도 여성 못지않게 옷차림, 머리 모양, 피부미용 등에 민감해졌다. 자신이 추구하는 취향과 개성, 그리고 정체성을 드러낸다기보다는 남에게 뒤지지 않으려는 비교심리의 발로라 할 수 있다.

비교심리의 궁극적인 목적은 남과 같아지거나 나아지고자 하는 욕구이다. 한국인들은 타인과 자신을 견주어 보는 비교심리가 유난히 강하다. 지는 것을 유난히 싫어하는 승부사 기질 때문이다. 배고픈 건 참아도 배 아픈 건 못 참고, 지고는 못사는 사람들이 한국인이다.

그러나 이러한 비교에는 보이지 않는 한계와 함정이 있다. '친구가 장에 가니 거름 지고 장에 간다', '친구 따라 강남 간다' 는 속담처럼 실제로 자신의 상황을 생각하지 않고 남의 성공에 자극받아 섣불리 일을 추진했다가 낭패를 보는 일이 허다하다.

남과의 비교는 경쟁을 의미한다. 이때 비교의 전제조건은 양자가 평등하다는 수평적인 의식에 근거를 두고 있다. 다른 사람과 나이 · 학력 · 직위 ·수입의 차이는 그다지 중요한 고려 대상이 되지 않는다. 오로지 '똑같은 인간인데' 라는 심리가 깔린 것이다.

물론 합당하고 공정한 기준에 의한 선의의 경쟁은 반드시 필요하다. 문제는 모든 대상과 자신을 무조건 똑같이 비교하는 데 있다. "누구는 매일 힘들게 일을 하고도 한 달에 고작 백 몇십만 원을 받는데, 똑같은 직장에서 일하는 누구는 그다지 힘들게 일하지 않고도 많은 봉급을 받는 건 불공평하다" 는 불평이 그것이다.

자신만의 잣대로 비교하면 객관적인 비교가 될 수 없다. 황새를 따라가는 뱁새 꼴이 되는 것이다. 그러다 보면 자연스럽게 부정적이 되거나 근거 없는 우월감에 사로잡히게 된다.

스스로 목표를 세우고 부지런히 목표를 달성하는 한편 남들과 공정하고 객관적으로 비교하고 평가해야 한다. 자기의 위치나 상황을 정확히 알면 파괴적인 열등감을 건설적인 향상심으로 승화시킬 수 있기 때문이다. '너 자신을 알라' 던 소크라테스의 명언은 21세기에도 여전히 유효한 셈이다.

비교심리를 이용하라

비교심리를 제대로 활용하면 사람을 설득하는 데 큰 힘이 된다. 비교의 대상으로 여기는 사람과의 관계에 대해서는 객관성을 가지고 진정으로 조언한다는 느낌을 주어야 한다. 진심이 담긴 객관적인 평가라는 느낌을 주면 상대와 신뢰의 끈을 만들게 되는 것이다. 더 나아가 상대가 경쟁우위에 설 수 있도록 계속해서 조언한다면 그를 설득하는 일은 어렵지 않을 것이다.

아래의 세 가지를 기억하면 어디를 파고들어야 일이 풀릴지를 쉽게 찾아낼 수 있을 것이다.

1. 뚜렷한 차이가 보이지 않는 한, 사람은 누구나 자신과 누군가를 비교하려는 속성이 있다.

2. 사람들은 객관적 사실을 떠나서 항상 비교하는 대상보다 자신이 일정 정도 우위에 있다고 생각한다.

3. 따라서 내가 설득해야 할 상대가 비교 대상으로 삼고 있는 무언가를 파악한 후 설득 대상자가 확실히 우위를 보이는 요소를 찾아 자연스럽게 말한다.

선물을 통해 상대를 설득하라

선물은 상대의 마음을 여는 중요한 역할을 한다. 마음속의 '감사', '사랑', '존경', '축하' 등의 형이상학적인 '감정'을 형이하학적인 '물건'으로 보여주는 것이 선물이다. 따라서 선물은 닫힌 마음을 쉽게 열어 주는 매개역할을 한다.

특히 비교심리가 강한 한국인에게는 선물이 훌륭한 설득의 도구가 될 수 있다. 비싼 선물을 주라는 의미가 아니다. 과거 60·70년대에는 선거철이면 고무신, 막걸리 등의 선심이 난무했고, 직장에서는 명절이면 승진의 기회를 포착하기 위해서 '지나친 선물'을 경쟁적으로 주고받았다. 고무신, 막걸리에 표를 던졌고, 과분한 선물이 승진의 지름길이었다. 하지만 이건 뇌물이다. 다른 사람보다 더 감동적인 선물을 통해 비교우위에 서라는 뜻임을 명심하기 바란다.

선물은 누가 주고, 누가 받는지가 중요하다. 윗사람이 아랫사람에게 주는 선물은 당연한 일이며 존경을 이끌어 내는 방법의 하나이다. 그리고 아랫사람이 윗사람에게 주는 존경의 의미로서의 선물은 윗사람의 사랑을 이끌어낼 수 있다. 선물을 통해 상대방의 마음을 열 수 있다는 자체가 이미 설득의 과정이 된다.

어느 조직이든 유난히 선물에 능통한 사람들이 한둘은 꼭 있다. '웃는 얼굴에 침 못 뱉는다'는 속담처럼 인간의 본성이 그렇다. 좋은 것은 좋은 법이다. 생글생글 웃어 가면서 "사장님!", "회장님!", "선배님!" 등 듣기 좋은 호칭을 사용하며 밥을 사고, 술을 대접하는 사람들이 있다. 대부분은 그런 사람을 싫어하지 않는다.

선물은 분명 효과가 있다. 무에서 유를 창조할 수 있는 멋진 수단이다. 그러나 동시에 덫이 되어 자신에게로 돌아올 수도 있다. 양날의 검과 같은 선물은 잘 다뤄야 하는 도구이다.

옛날 어느 시골에서 사과농사를 하는 농부가 있었다. 어느 해 가을, 수확한 사과 하나를 베어 물었는데 평생 이보다 더 맛있는 사과를 먹어 본 적이 없었다. 그래서 그 농부는 먹던 사과를 임금님에게 진상하기로 했다.

"아니, 당신 미쳤어? 먹던 걸 임금님께 진상한다고?"

사람들은 모두 그 농부를 손가락질했다.

그러나 그 농부는 죽을 각오를 하고 임금님께 그 사과를 진상했다. 못마땅하게 지켜보던 신하들은 숨을 죽인 채 임금님의 진노한 목소리를 기다리고 있었다.

"오호, 참으로 귀한 맛이구나."

임금님은 사과의 맛에 감탄을 금치 못했다.

"이보다 더 깊은 충성심이 어디 있겠는가?"

임금님은 크게 칭찬을 하며 농부에게 큰 상금을 하사했다.

어찌 보면 그 농부는 좀 무모했을 수도 있다. 그러나 자기가 직접 경험해 본 감동이야말로 진정한 감동이라는 것을 그 농부는 알고 있었다. 선물해야 한다면 무엇보다도 감동을 줄 수 있는 선물을 택해야 한다. 형식적인 선물은 가격이나 크기와 관계없이 큰 의미가 없다. 대통령 하사품이나 장관 격려품이 그리 반갑거나 고마운 생각이 들지 않는 것과 비슷하다. 마음이 담기지 않은 물건은 감동을 주지 못하기 때문이다.

또한, 예상을 뛰어넘는 선물을 해야 한다. 예상보다 높은 가격의 선물을 말하는 것이 아님을 다시 한 번 강조한다. 상상도 못 했던 이벤트가 멋진 선물이다. 손글씨로 적은 장문의 편지도 마찬가지이다.

마지막으로 희소성이 있어야 한다. 직접 만든 선물상자에 담긴 선물은 세상에 하나뿐이다. 반드시 지구에서 가장 큰 다이아몬드가 아니어도 상관없다는 말이다. 어디에도 없는 정성과 아이디어가 담겨 있으면 충분하다.

하나를 주고 열을 얻어 낼 수 있는 마법의 도구가 선물이다. 열을 얻기 원한다면 먼저 하나를 선물하라. 단, 그 하나에는 감동과 놀라움과 귀함이 담겨있어야 할 것이다.

자기 위안보다는 냉정한 판단을

비교경쟁에서 밀린 사람들이 하기 쉬운 말이다. 그리고 발전을 저해하는 아주 위험한 말이기도 하다. 한국 사람들은 원인이나 과정보다는 결과를 중시하는 경향이 있다. 특히 좋은 결과보다는 나쁜 결과 앞에서 더욱 그렇다.

어느 시대나 잘사는 사람보다는 그렇지 못한 사람이 훨씬 더 많고, 부자보다는 부자가 아니라고 생각하는 사람이 더 많다. 대부분의 사회 구성원들이 부자가 되고 싶어 한다는 사실은 자본주의 사회를 지탱하는 근본적 요소다. 하지만 최근 들어 '부자'를 바라보는 시각에 변화가 생겨나고 있다. '솔직하게 살아서는 부자가 될 수 없다'거나 '바람직하지 못한 방법을 동원해야 부자가 될 수 있다'는 부정적인 정서가 퍼져 나가고 있는 것이다.

대기업의 분식회계를 통한 거대한 비자금 조성이나, 경영진 내부의 권력 다툼, 혹은 대규모 정치자금 수수 등의 뉴스가 터져 나올 때마다 '부'에 대한 가치관은 더욱 혼란스러워진다. 많은 소시민들은 현재 자신이 처한 환경이나 상황을 넘어설 수 없다거나 정상적인 방법으로는 돈을 벌 수 없다는 패배감과 자괴감에 빠지게 된다.

'인내는 쓰다. 그러나 그 열매는 달다', 또는 '좋은 약은 몸에 쓰다'라는 말이 있다. 그러나 이 말은 도덕 교과서에나 나오는 듣기 좋은 말이 되고 말았다. 먼 미래의 결과보다는 현재의 성과를 먼저 생각하게 되기 때문이다.

이솝 우화의 여우와 포도에 관한 이야기이다. 이러한 사례는 일상 생활 속에서 흔히 볼 수 있다. 비싼 물건이 좋다는 것은 모두가 다 아는 사실이다. 그러나 돈이 부족해 비싼 물건을 살 수 없을 때 그 물건에 대한 아쉬움과 함께 거부감을 가지게 된다. 디자인이 좋지 않다거나, 색상이 마음에 들지 않는다거나, 자신의 스타일이 아니라는 등의 이유를 들며 소유하지 못한 것에 대해 애써 자신을 위로하는 것이다.

이것은 자신의 현재 상황에 대한 정확한 인식보다는 비합리적인 자기 위안이 마음의 부담을 제거해 주기 때문이다. 정신건강에는 좋을지 모르지만 자신에게 독이 되는 부분이 많다.

유명 회사에 입사한 5년 차 회사원이 있었다. 우연히 친한 선배와 같이 저녁을 먹게 되었다. 그런데 오랜만에 만나 후배가 무언가 자꾸 감추려고 하는 것 같아 선배가 그 이유를 물었다. 후배는 계속 승진에서 밀린다고 털어놓았다. 심지어 지방의 지사 발령에도 밀렸다고 했다.

"제가 실적이 없는 것도 아니고 능력이 떨어지는 것도 아닌데 말이에요. 그렇다고 회사를 그만둘 수 있는 것도 아니어서 혼자 고민 많이 했어요."

후배는 그런 고민의 시간이 오래되자 자신에게 거짓말하는 버릇이 생겼다. 새로운 테스크포스팀 팀장으로 발령이 날 것이라는 주위의 말과는 달리 기대가 물거품이 되었을 때는 "그래, 그 골치 아픈 곳에 가서 팀장 하면 뭐하겠어. 지금 손에 익은 일을 하는 것이 좋지."라고 자신을 달랬고, 가고 싶었던 지방 근무처에서 밀려났을 때는 "그래, 지방에 내려가면 뭐하겠어. 놀아도 서울이 좋지."라고 자신을 위로했다.

이렇게 스스로를 위안하고 자기 합리화를 계속하던 그는 결국 자신을 속이는 데 익숙해지고 말았다.

이처럼 자신을 합리화하거나 정당화하기 위해 스스로 거짓 정보를 흘리고 수긍하며 위로를 받고자 하는 심리는 자신의 자존심과 권위를 지키려는 현상이다. 더 솔직해지고 자신의 처지를 인정하는 것이 심리적 부담과 강박에서 벗어날 길임을 알면서도 자신을 위로하게 되는 것이다. 이런 심리가 오래가면 무기력해지고 무슨 일에든 소극적이

되며 자신을 나약한 존재로 낙인찍게 된다.

설득에서도 이러한 심리를 잘 파악하는 것은 상대와 지속적인 관계를 유지할 수 있는 요체가 된다. 상대를 인정하면서 그 내면의 목소리를 파악하여 대안을 제시함으로써 상대가 편안함을 느끼게 해주어야 한다. 일종의 상담자가 되어 나의 설득을 들을 수 있는 바탕을 만들어야 하기 때문이다.

자기방어적인 거짓말을 귀담아들어라. 상대가 자신에게 하는 선의의 거짓말인 경우, 먼저 진의를 파악해야 한다. 이것은 도움을 요청하는 SOS와 같은 것이다. 도와주기를 거부한다면 관계를 지속하거나 설득하기 힘들어진다. 상대가 자기 합리화를 하는 가장 주된 원인을 파악해서 일정 정도의 논리적인 대안을 제시하고 해결해 주려는 노력을 보이는 것이 핵심이다.

연(緣): 적이 되기 전에 내 편으로

"우리가 남이가?"

사람들은 자신이 속하고 생활하는 범주, 즉 혈연·지연·학연 등에 따라 나와 관련이 많은 집단인 내집단(內集團)과 그렇지 않은 집단인 외집단(外集團)을 구분한다. 이것은 본능에 가까운 일이지만 한국 사람들은 이런 내·외집단의 구분에 특히 더 집착하는 경향을 보인다.

나보다는 우리를, 개인보다는 공동체를 중시하는 한국인의 특징은 21세기에도 변함없이 인터넷 문화에 고스란히 녹아있다. 〈모교사랑〉, 〈다음 카페〉, 〈싸이월드〉 등이 큰 성공을 거둔 것은 모두 '연'을 중시하는 한국적 인맥문화 덕분이다. 〈무한도전〉, 〈1박2일〉, 〈패밀리가 떴다〉 등 리얼 버라이어티 프로그램들도 가족 같은 분위기와 캐릭터가 인기요인이다.

한국인들은 오랫동안 한반도 내에서 농경 생활을 해왔다. 자신이 주거하는 근거리 영역 외에 멀리 왕래한다는 것은 감히 엄두를 내지 못했고 생활반경도 좁았다. 촌락 위주의 주거형태여서 외부인에 대한 두려움도 컸다.

이런 소집단 위주의 생활환경은 삶의 상호관계 또한, 혈연과 지연에 국한하는 작용을 하게 된다. 활동영역이 좁은 삶의 방식에서 상대방을 안다는 것은 믿음을 그 바탕에 두고 있다는 말이다. 자연스럽게 연(緣)이란 것을 중요시하게 되었다.

또한, 인터넷과 정보기술의 발달로 많은 사람들이 사이버 공간에서 학연·지연과 비슷한 종류의 모임을 결성하기 시작했다. 흔히 말하는 동호회가 그것이다. 관심사나 취미가 같은 사람들이 모여 공동의 목표를 추구하는 모임이 늘고 있다.

이처럼 공감대를 바탕으로 하는 모임은 믿고 의지할 수 있는 삶의 버팀목으로 자리한다면 아주 훌륭한 관계가 될 수 있다. 하지만 지나치면 각종 연으로 맺어진 인간관계가 사회적 폐해를 만들고 지탄의 대상이 되기도 한다. 예외를 인정하지 않는 분위기 때문에 자칫 끼리끼리 문화에 휩쓸려 문제를 만드는 것이다. 기업운영의 혈연주의, 정치의 지역주의, 사회에서의 학연주의가 대표적인 사례이다. 연을 이용해 특혜를 얻고자 하면 좋은 관계가 한순간에 무너지고 공동체 안에서 기피인물로 낙인찍힐 수도 있다.

인연을 중시하는 한국인을 설득하기 위해서는 가정, 고향, 학교, 소속단체 등 상대방이 몸을 담고 있는 집단에 관심을 기울이는 것이 좋다. 관계적 인연을 인간적 인연으로 발전시켜 나간다면 설득은 자연스럽게 따라오는 성과가 될 것이다. 순간적인 이해관계만 따질 것이 아니라 지속적인 인연을 통해 좋은 파트너 관계를 만드는 것이 중요하다.

이름 불러주면 내 편 된다

조상들은 집안과 자손의 번창을 기원하기 위해서 항렬을 정하여 이름을 지었다. 귀한 아이가 태어나면 유명한 작명가를 찾아가 좋은 이름을 짓는 것이 일반적인 풍습이었다. 이름이 성공에 이바지하는 바가 크다는 인식은 오래전부터 있었고 그만큼 이름을 귀하게 여겼다. 조상이나 부모의 이름을 함부로 부르거나 더럽힌다는 것은 용납되지 않는 일이었다.

옛 조상들은 많은 이름을 가졌다. 아이가 태어나면 부르는 아명(兒名)이 있고, 호적에 올리는 본명(本名)이 있다. 그리고 어른이 되어서는 본 이름 대신에 부르는 자(字)가 있다. 또 아호(雅號)가 있었는데 그냥 호(號)라고도 한다. 이 호는 문인이나 학자들이 본이름 외에 따로 지어 부르는 이름이다. 관명(冠名)은 장가를 든 후에 붙여주는 이름으로 자(字)와 유사하지만, 관직이 없는 사람들은 택호(宅號)라 하여 처가동네의 지명을 따서 부르기도 했다. 이 밖에도 제왕이나 재상, 학자들이 죽은 뒤에 그들의 공덕을 칭송하여 붙이는 시호(諡號)가 있다. 충무공 이순신 장군의 '충무'는 사후에 내려진 시호이다.

조선 후기의 대학자인 다산 정약용 선생의 예를 들어 보자. 자가 미용(美鏞)·송보(頌甫)였고, 호는 다산(茶山)·여유당(與猶堂) 등 무려 아홉 개에 이르렀으며, 시호는 문도(文度)였다.

이런 문화는 오늘날에도 남아있다. 한국인은 유난히 명함을 좋아한다. 방문 밖에 이미 이름표가 붙어있는데도 책상 위에 커다란 명패를 올려놓기도 한다.

한국인들이 이름에 집착하는 것은 설득을 위한 중요한 포인트이다. 내가 그의 이름을 불러주면 그는 내가 와서 꽃이 될지도 모를 일이다. 적어도 내게 호감을 느끼는 잠재적 우군은 되어줄 것이다.

만난 지 오래되지 않은 사이일수록 이름을 기억해서 자주 불러주어라. 대부분의 사람들은 자기 이름이 많이 불리기를 희망한다. 유명인은 꼭 돈이 많은 사람이나 강력한 권력을 가진 사람만을 뜻하지 않는다. 대중이 그 이름을 많이 부르는 사람이 유명인이다. 이는 돈이나 권력만큼 중요한 재산이다.

살면서 그다지 친하지 않은 사람이 정확하게 자기 이름을 부르며 반갑게 인사하는 순간을 겪어본 기억이 있을 것이다. 어땠는가? 소스라치게 놀라고 기분이 나빴는가? 아마 아닐 것이다. 기분이 좋아지면서 상대에 대한 호감과 관심이 급상승하는 감정을 느꼈을 것이다. 그 느낌을 내가 설득해야 하는 사람이 느끼도록 해야 한다. 방법은 간단하다. 이름을 기억했다가 불러주면 된다.

한 단계 더 수준 높은 방법은 듣기에 기분 좋은 별명이나 별칭을 지어주는 것이다. 약속을 칼같이 지키는 사람이 명동에 살고 있다면 '명동의 칼'이라는 별명을 붙여주며 그가 가진 높은 신용에 찬사를 보내라. 그는 아마 당신을 지켜주는 든든한 칼이 되어 줄 것이다.

한국어는 맞춤법이 복잡한 걸로 유명하지만, 특히 호칭과 관련된 맞춤법이 발달해있다. 촌수를 따지는 단어만으로 책 한 권을 쓸 수 있을 정도이다. 외국인들이 가장 힘들어하는 부분이 존댓말이라는 사실은 널리 알려졌다.

가장 간단하게 문제를 해결할 수 있는 비법이 하나 있다. '존함'이나 '함자'라는 단어는 호칭 맞춤법과 관련된 거의 모든 문제를 풀 수 있는 마법의 단어이다. 극존칭의 의미가 내포되어 있으면서 특정 인간관계에 얽매이지 않기 때문이다. 애매하면 이 두 단어를 번갈아 사용하면서 알고 싶은 이름을 물어봐라. 무례하다는 말은 절대 듣지 않을 것이다.

추천과 소개 통해 간접적으로 설득하라

농업이 생산의 주체였던 시대에는 토지와 노동이 부의 원천이었다. 산업혁명으로 대량생산체제가 구축되면서 자본과 기술이 부의 핵심요소로 떠올랐다. 오늘날은 정보혁명이 일어나면서 노동과 정보가 융합하는 새로운 형태의 정보화시대가 되었다.

'유비쿼터스 시대'는 이미 열렸고, 곧 '로봇 시대'가 열린다고 한다. 과거에는 정보를 얻기 어려웠으므로 대부분의 정보는 희소성만으로도 높은 가치를 지닐 수 있었다. 하지만 정보화 사회에서는 너무 많은 정보 가운데 핵심정보를 찾기 위해 혈안이 되어 있는 형국이다.

그런 의미에서 '아래에서 위로 천거한다'는 뜻을 담고 있는 추천(推薦)은 핵심 정보를 얻기 위해 전문가의 의견을 수렴하는 과정이라 볼 수 있다. 그러나 명심해야 할 것은 추천이나 소개 등은 그 사람의 능력이나 재주를 보증해 주는 행위라는 점이다. 능력과는 무관하게 이루어지는 소위 '낙하산 인사'와는 다르다는 것을 분명히 해두고자 한다.

추천을 받기 위해서는 추천인과의 친분도 중요하지만 스스로 능력을 갖추고 실력으로 인정받아야 한다. 그래야 추천인도 어깨가 덜 무거울 것이며 부담스럽지 않게 된다. 누군가의 추천으로 취업·진급 등이 이루어졌다면 자신에게 2% 부족한 무엇이 있음을 알고 겸손해야 한다.

스스로 능력이 부족한데 추천해 준 누군가의 힘에만 의지하려 한다면 결과가 좋을 리 없다. 만약 추천을 받는다 하더라도 결국 홀로 서기는 힘들 뿐 아니라 곧 낙오자가 되고 말 것이다.

누군가의 소개로 어느 회사에 납품할 때도 자신의 성실성과 제품의 우수성을 보여 주어야 한다. 추천인의 힘을 빌리려면 자신의 능력이 그에 걸맞은 수준에 있어야 한다. 추천을 받는 사람 입장에서도 이미 전문적인 일에 통달한 사람이 그 분야에서 일하는 사람을 추천하면 그만큼 일이 쉬워지고, 인선의 부담을 덜게 된다.

어떤 사람을 쓰느냐에 따라 그 조직의 흥망이 결정된다. 마치 한집안에 며느리로 어떤 사람이 들어오느냐에 따라 그 가문의 명운이 달라지듯이 말이다. 조직 관리에 있어서 추천이란 방법을 잘만 활용한다면 좋은 인재를 쉽게 확보할 수 있을 것이다.

'우리' 라는 울타리 안에 상대 가두기

한국인은 '우리' 라는 단어를 쓴다. 'my home' 을 '우리 집' 이라고 번역하는 것이다. 기본적으로 '우리' 라는 의미는 공동체 생활에서 나온다. 공동체 생활은 나보다는 전체를 생각하는 것이 우선이다. 타인을 배려하고 이웃을 먼저 생각하는 의식이 한국인의 가슴속 깊이 내재되어 있는 것이다.

서구인은 개체의 이익을 위해 집단의 이익을 희생하는 반면에 한국인들은 집단의 이익을 위해 개체의 이익을 희생한다. '우리' 의 개념은 이러한 집단의식의 소산이며 아직도 우리 가슴 깊은 곳에서는 공동생활에 대한 습성이 남아 있다.

상대방과의 관계에 있어 무언가를 얻고자 한다면 '우리' 라는 공동체와 동류의식을 염두에 두어야 한다. '나', '너' 의 이분법적인 구분이 아니라 '우리' 라는 울타리 속에 함께 있다는 것을 알려 주어야 한다. 누군가를 설득하고자 한다면 더욱 그렇다.

'우리' 라는 동질성을 획득하기 위한 가장 빠른 방법은 함께 음식을 먹는 것이다. 각자가 따로따로 시켜 먹는 개별 음식이 아니라 함께 덜어 먹으며 같은 맛을 느낄 수 있는 음식을 먹어보라. 운동을 함께하는 것도 좋다. 서로 상대편이 되어 대결하는 것이 아닌 함께 같은 편이 되어 땀 흘리며 부대낄 수 있는 운동을 해야 한다. 그러면 처음의 관계에서 느낄 수 없었던 끈끈한 무언가가 교류됨을 느낄 수 있을 것이다.

이처럼 ‘우리’ 라는 개념을 함께 가질 수 있는 상황을 적극적으로 만들어야 한다. 찜질방이나 대중목욕탕 문화도 좋은 예라고 할 수 있다. ‘우리’ 라고 말하는 것은 개인적인 소유물에 대한 개념이 없어서가 아니라 집단의식의 소산이며 공동생활에 대한 습성이 남아 있기 때문이다.

‘우리’ 라는 말 속에 숨은 동질성을 찾아 설득하려는 상대방과 함께할 수 있는 것을 만드는 것이 핵심이다. 따라서 ‘우리’ 라는 의식에서 공통점과 동질감을 찾아내어 적이 되기 전에 내 편으로 만드는 작업이 무엇보다 중요한 설득의 방법이다.

적을 만들지 마라

감정의 동물인 인간은 옳고 그름을 가리기 전에 감정에 치우치기 쉽다. 상대방의 감정을 건드려 놓은 상태에서는 절대로 믿음을 줄 수가 없다. 상대방은 이미 무조건적인 거부감을 갖고 있기 때문이다. 그러므로 상대방을 적으로 만드는 것은 절대 금물이다.

한국인은 전통적으로 자존심이 매우 강하고 권위주의적인 사고방식을 가지고 있다. 단칼에 모든 일을 해결해야 직성이 풀린다. 그래서 타협과 협상에 부담을 가진다. 토의가 아니라 논쟁을 해버리는 것이다. 토론 중 상대의 감정을 상하게 하는 자극적인 말과 행동을 서슴지 않고 한다.

하지만 아무리 격렬한 토론이라도 상대방의 감정을 건드리는 말이나 행동을 하는 것만큼 바보짓은 없다. 묵은 감정은 해결되지 않으면 무덤까지 이어지기 마련이다. 한 다리만 건너면 다 친구이고 친척인 사회에서 한 사람을 적으로 만드는 것은 수많은 사람을 적으로 돌리는 행위가 될 수 있다.

상대방을 적으로 만들지 않으려면 다음 세 가지 태도를 마음에 새기고 몸에 익혀라.

첫째, 자기 자신을 낮추어라. 목소리를 낮추고, 주장을 낮추고, 행동의 순서를 낮추어야 한다. 앞장서지 말고 적당한 위치에서 적당하게 이야기해야 한다. 이른바 2등 전략이다. 자기주장이 강한 사람들에겐 가는 곳이 어디건 상관없이 적들이 항상 독을 품고 있을 것이다.

사람의 귀가 둘이지만 입은 하나밖에 없는 진정한 이유를 알아야 한다. 좋은 이야기는 두 귀로 듣고, 나쁜 이야기는 한쪽 귀로 듣고 한쪽 귀로 흘려보내라는 것이다. 그리고 말하는 것보다 듣는 것을 많이 하라는 의미이다.

나를 낮춘다는 말은 결국 상대방을 높인다는 말이다. 굳이 나를 낮추지는 않아도 상대방을 높일 수 있다면 더욱 좋다.

“예, 선배님!”이란 말 한마디에 긴장이 풀리고 상대의 마음이 열린다. 마음에 있든 없든 일단 낮추어 보라. 아무리 사납고 강한 사람이라 할지라도 당신에게만큼은 따뜻한 사람이 될 것이다.

둘째, 맞장구를 쳐라. 잘못 생각하면 지나친 아부가 아닌가 하는 오해를 할 수도 있다. 하지만 그것은 상대방을 내 편으로 만들겠다는 분명한 목적을 가진 전략이다. 인간은 자기를 알아주는 사람에게는 무엇이든 아끼지 않고 준다. 특히 남자들은 그런 성향이 더욱 강하다.

우선 상대방이 하는 말에 반응을 보이는 것이 좋다. 적극적인 호응은 인간관계를 원활하게 하는 윤활유가 된다. 상대방의 의견이나 행동에 대해 적극적인 반응을 보이면 서로 동질감을 느끼기 때문이다. 맞장구를 치면서 ‘나는 당신의 편입니다’ 라는 신호를 보내는 것이다.

셋째, 상대방의 약점을 이용하려 들지 마라. 상대방을 영원한 나의 편으로 만들기 위해 상대방의 약점을 쥐려고 노력하는 사람도 있다. 이 방법은 가장 확실한 방법이지만, 가장 좋지 않은 방법이기도 하다. 오래가지 못하기 때문이다. 잠깐 효과가 있을지 모르지만 결국 패배한다. 저 혼자 살려다 함께 죽고 마는 위험한 게임인 것이다. 적을 만들지 않는다는 것은 곧 내 편을 만드는 일인데 약점 잡혀서 어쩔 수 없이 따르는 사람은 영원한 내 편일 수 없다. 내 약점을 잡아 위협에서 벗어나기 위해 혈안이 되어 있을 것이기 때문이다.

정(情): "그 놈의 정 때문에 산다"

정 때문에 울고 웃는 민족

'정'이라는 단어는 영어로 정확하게 번역하기가 어렵다. 외국에는 없는 개념이기 때문이다. '정'과 '사랑'을 구분하기 어렵다고 하는데 '사랑'이 애정이라는 강물의 깊이(수심)만을 나타낸다면 '정'은 강물의 무게(수량)를 나타낸다고 할 수 있다.

한국인의 삶에서 인정을 빼면 무엇이 남을까 하는 생각이 들 정도로 인정주의는 어떤 나라와도 다른 독특한 우리의 국민성이라고 할 수 있다. 이는 네 것과 내 것의 구분 없이 나누어 쓰면서 조건 없이 주고받는 공동생활의 오랜 전통에서 자연스럽게 형성된 습관이다. 이웃이 일손이 필요할 때 도와주고 반대로 내게 일손이 필요할 때 도움을 받는 '품앗이'나 '두레' 같은 풍습은 삶을 풍요롭게 해준 비제약적 사회규범이었다.

그것은 각자의 이해득실을 떠나 함께 어울려 살아가는 생활공동체의 전형적 윈-윈(win-win)전략이었다. 타산적이고, 야박하고, 비인간적인 모습을 갖춘 문서계약은 애초에 필요조차 없었다. 한마디의 말이 약속이 되고 그것이 이행되는 넉넉한 삶이었다. 이러한 농경사회의 풍습이 지금까지도 '인정'이란 이름으로 이어져 오고 있다.

인정은 타산적이고 치밀한 이해득실을 배제한다. 정확히 측정하고 평가하는 것이 아니라 조금 손해 보기도 하고 조금 덤을 얻기도 한다.

핵가족시대인 지금은 찾아보기가 쉽지 않지만 얼마 전까지만 하더라도 우리 사회는 몇 대가 한 집에서 생활할 정도로 가족 중심적이었다. 가족은 끈끈한 유대와 서로의 정을 통해 이루어지고 이어지는 공동체이다. 정이야말로 공동체의 밑바탕을 이루었던 주된 정서였다.

미국을 비롯한 서구에서는 기부가 생활화되어 있다. 행복하고 즐거운 삶은 돈이 아니라 조건 없이 주는 기부에서 얻어지는 행복과 물질을 넘어선 정신적인 풍요로움에 있다고 보는 것이다. 그렇다면 콩한 알도 나눠 먹는 우리의 나눔 정신은 고도로 선진화되고 진보된 기부 의식이라고 할 수 있지 않을까?

하지만 정 때문에 손해 보는 일도 있다. 현대사회는 제도와 법규, 그리고 과학적이고 정확한 계산을 요구하고 있다. 모든 일이 치밀한 계약으로 이루어진다. 심지어 자그마한 물건을 사고팔 때도 영수증을 받는다. 당연히 전후좌우를 둘러보고 득실을 꼼꼼히 따질 수밖에 없다. 남보다 철저하게 이해득실을 따지는 사람들이 득을 보는 것이다. 반대로 규정과 절차를 몰라서 사업을 망치거나 큰 손해를 보는 경우도 많다.

'그놈의 정 때문에'라는 표현에서 알 수 있듯이 우리는 대의명분이나 법 질서, 그리고 이성적 비판보다는 사사로운 정을 인정하고 받아들이고 있다. 분명 사회적 폐해를 부를 것이며 결국 그 폐해는 고스란히 우리들의 몫으로 남게 된다는 것을 알면서도 말이다.

실질적으로 한민족은 오천 년이 넘는 세월 동안 정 하나로 살아왔다. '아니오'라고 과감히 뿌리치기에는 정이 너무 깊어 하는 수 없이 '예'라고 대답하는 일이 많다.

그 외침 속에는 왠지 모를 씁쓸함이 묻어 있다. 오랜 세월동안 잘 알고 지내는 사이에 생기는 것이 정인만큼 소중히 잘 가꾸어야 함에도, 한 번 생긴 정은 절대 없어지지 않는다는 잘못된 생각들을 하고 있기 때문이다.

노부부는 사랑 때문이 아니라 정 때문에 산다고 한다. 정에 관한 노랫말이 넘쳐난다. 휴먼 터치를 유난히 중시하는 한국인에게 정은 분리해서 생각할 수 없는 감정이다.

디지털 시대에는 오히려 아날로그적 감성인 '정'이 사람의 마음을 움직이는 설득력을 발휘할 수도 있다. 물론 반대로 정에 얽매여 합리적 판단이 불가능해질 수 있다. 이런 양면성을 가진 정을 제대로 활용하는 기술을 알아보자.

사소한 것에 신경 써라

영화나 드라마를 볼 때 우리는 감동적이라는 말을 많이 한다. 하지만 일상생활에서 영화와 드라마의 감동은 흔한 일이 아니다. 감동은 아주 사소한 것에서 고마움과 사랑을 느낄 때 얻어지는데 너무 거창한 것에서 감동을 찾으려고 하기 때문이다.

감사할 줄 안다는 것은 양보할 줄 알고, 상대방의 마음을 헤아릴 줄 알고, 상대방과 함께 울고 웃는 마음이 있다는 뜻이다. 감사할 줄 안다면 감동이 사소한 일에서 온다는 것을 이해할 것이다.

사소한 것을 소중히 여길 때 감동은 밀려오는 것이다. 사소한 것이란 내가 아니라 상대방의 아주 작은 것부터 먼저 생각하고 소중하게 여기는 감정이다.

가장 가까이에 있는 식구들에게 사소한 감정을 베풀어 보자. 당신이 집안에서 대접받고 위로받는 존재가 아니라 가장 많은 일을 하고

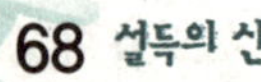

가장 많은 사랑과 정성을 쏟아야 하는 존재라 생각하고 행동하는 것이다. 정도의 차이는 있겠지만, 누구나 힘든 하루를 보낸다. 그럼에도 불구하고 당신이 식구들을 이해하고 위로하며 힘든 하루를 다독여 준다면 집안에는 늘 감동이 넘쳐날 것이다.

감동은 전염성이 강한 특징을 가지고 있다. 사소한 행동이나 말에 의한 감동이 모든 식구에게 전염되고 나아가 이웃과 친척, 친구에게 확산된다.

이러한 사소한 감동에서 우리는 삶의 위안을 찾을 수 있다. 상대방에게 사소한 감동을 주는 것이 어렵게 느껴지는 것은 지금까지 그런 행동이나 말이 습관화되어 있지 않기 때문이다.

상대를 감동시키는 것은 정말로 예상치 못한 너무나 작은 일에서 시작된다는 것을 알아야 한다. 너무나 작은 일이기에 더 값지다. '저런 형편없는 것'이라고 생각하는 것이 아니라, '저런 세심한 부분까지'라고 생각하는 것이다.

대부분의 사람들은 '상대방이 어떻게 생각할까?' 하는 두려움 때문에 작고 사소한 일에는 선뜻 마음을 쓰지 못한다. "사소한 일은 나에게 맞지 않아. 어떻게 그런 일을……"이라고 자신의 행동을 제한한다. 전통적인 유교적 사고방식 또한, 사소한 것에 마음을 못 쓰게 하는 원인이 되기도 한다.

하지만 시간이 지나고 사회가 발달하면서 점차 유교적인 형식주의는 사라지고 있다. 이제 윗사람이 먼저 솔선수범해야 하는 시대가 되었다. 권위를 누리는 윗사람이 아니라, 구성원을 위해 열심히 일하는 사람이 진정한 윗사람이자 존경받는 리더라는 인식이 확산되고 있다.

"퇴근 후 집안일을 돕는 것만큼 팔불출은 없다"는 이야기는 구석기 시대의 이야기이다. 사소한 일에 신경을 쓰는 남자, 집안일에 열성적인 남편, 자녀와 많은 시간을 보내는 아버지, 퇴근 후에 가장 많은 시간을 가족과 보내는 가장이 성공한 사람이요, 존경받는 사람이다.

사소한 것에 많은 애정을 가지고 행할 때 감동은 절로 생기며 상대를 설득할 수 있는 좋은 위치에 설 수 있게 되는 것이다. 그렇게 하기 위해서는 먼저 스스로 감동할 수 있어야 한다. 그렇지 않으면 상대에게 자신이 느낀 감동을 전할 수 없다.

감동은 간절함에서 나온다

남보다 앞선다는 것은 절대로 우연히 얻어지지 않는다. 피나는 노력 없이는 남다른 결과를 맛볼 수 없다. 노력했음에도 성공하지 못한 사람은 있어도 노력하지 않았는데 성공한 사람은 한 명도 없다. '죽기 아니면 까무러치기'로 목표달성을 위해 노력했기에 성공한 것이다.

다르게 표현하면 간절함이 있어야 궁극적인 목표가 설정되고 간절함을 해결하기 위해 피나는 노력을 하게 된다는 것이다. "지금은 배가 고프다. 언젠가 배불리 먹을 수 있는 날이 왔으면 좋겠다"라는 간절함이 있다면, '배불리 먹는 것'이 궁극적인 목적이자 목표가 된다. 그리고 돈을 벌기 위해 피나는 노력을 하게 되는 것이다.

설득의 과정과 결과 또한, 성공의 경우와 마찬가지이다. 상대에게 성심을 다하고 간절히 설득해야 한다.

"당신은 누군가를 설득하기를 간절히 바라십니까?"

이런 질문에 대부분의 사람들은 이렇게 대답할 것이다.

"뭐 꼭 그런 건 아닙니다. 사람 마음을 움직이는 게 쉬운 일이 아니니까요."

이렇게 말하는 사람들은 절대로 설득에 성공할 수 없다. 간절함이 모자라기 때문이다.

상대방의 마음을 움직이기는 쉬우면서도 어려운 일이다. 누구나 할 수 있는 일이지만 간절히 바라고 노력하지 않으면 절대 달성할 수 없다. 행동으로 옮겨지는 과정에서 실패와 좌절의 쓰라림을 맛보고, 심지어는 비인간적인 대우나 비참함까지 겪게 된다. 이러한 시련을 이겨야 간절히 바라는 것을 얻을 수 있다.

만약 당신이 매일 2시간씩 5년 동안 서울시청 앞 아스팔트 바닥에 붙은 껌을 뗀다면 연봉 1억 원의 꿈을 이룰 수 있다고 하자. 당신은 하겠는가?

누구든 "그것이 확실히 보장만 된다면 하지 않을 사람이 어디 있겠는가?" 하고 반문할 것이다. 하지만 이 확실한 보장을 자신이 아닌 다른 누가 해 줄 것으로 생각하는 것에 문제의 핵심이 있다. 행동은 분명히 내가 하는 것인데 그 결과에 대해서는 누군가가 보장해주길 바란다. 여기서 우리는 그동안의 습관이나 사고방식을 재점검해 볼 필요가 있다.

세상의 모든 일은 내가 하는 것이고 책임도 내가 지는 것이다. 확실히 삶은 자신의 것이다. 자신이 하고 싶은 일을 마음 깊이 새기고 그 꿈을 달성할 때까지 행동하고 또 행동하면 된다. 그러면 어느 날인가 그 일이 당신의 것이 되어 있을 것이다. 기적처럼 말이다.

간절함은 어떻게 살아야겠다는 결심에서 자연스럽게 나타난다. 그 간절함이 곧 남을 감동하게 한다. 결국 사람들은 당신의 간절함에 매료되고 당신을 인정하고 당신의 간절함 만큼 믿고 따를 것이다. 누군가를 설득한다는 것은 나의 간절함을 전달해 주는 것이다.

한의 정서 이해하면 한없이 친해진다

한(恨)을 빼놓으면 한국인의 정서를 제대로 이해할 수 없다. 외국에서는 이러한 정서를 '스트레스'와 의미가 유사하다고 분석한다. 스트레스는 희망했던 일들이 이루어지지 않고 좌절되거나 억압당함으로써 나타나는 여러 심리현상을 말한다. 미련이나 아쉬움같이 이루지 못한 일에 대한 반대급부를 기대하는 심리가 은연중에 마음 한구석에 남아 있는 것이다.

외국인들이 한국에 와서 가장 먼저 배우는 노래는 '아리랑'이다. 유행에 민감한 청소년들도 아리랑을 외국인에게 가장 가르치고 싶은 노래라고 서슴없이 말한다. 이 노래에는 우리 민족만이 가지고 있는 대표적 특성인 한의 정서와 감각이 담겨있기 때문이다. 아리랑은 우리 민족의 고통과 기쁨, 절망과 희망에 대한 노래이자 역사적 고난과 극복, 민중의 아픔과 환희에 대한 가락이다.

불교에서 '인생은 고해의 바다'라고 말하지 않았어도 대다수 서민들이 살아가는 삶에는 고단한 구석이 많다. 걱정거리를 해결하는 과정에서 누구나 강한 아쉬움과 짙은 미련을 남긴다. 금융위기 이후 불경기가 장기간 이어지고 있는 요즘은 한스러운 일이 더 많은 법이다.

상대의 마음을 얻기 위해 가장 중요한 것은 공감대의 형성이다. 한이라는 정서적인 동질감을 인간관계에서 공감대를 형성하는 매개체로 삼는다면 당신은 상대방에게 오랫동안 신뢰받는 정서적인 동반자가 될 수 있다. 힘들 때 친구가 진짜 친구라고 한다. 결혼식은 불참해도 장례식은 참석하는 것이 좋다. 어려움을 함께 나누고 위로해주는 사람을 옆에 두고 싶은 것은 인지상정이기 때문이다.

상대방이 어려움을 겪고 있다면 먼저 다가가 위로하고 도움이 되는 방법을 궁리해봐라. 설득의 전략을 짜는 것은 그 이후의 일이다. 본인의 힘들었던 경험을 이야기하며 위로하는 것도 효과 만점의 방법이다. 자신의 상처를 보여주고 어떻게 아물었는지 이야기해주는 것보다 상대의 공감을 얻는 방법은 없다. 우리들이 가지고 있는 '한'은 대부분 공통적이기 때문이다.

적당한 선을 넘어 시시콜콜 따져라

중견 회사를 명예퇴직한 한 부장은 앞으로 무엇을 하며 살까 고민하며 이것저것 사업 아이템을 찾고 있었다. 특별한 기술이 있는 것도 아니고 그렇다고 새롭게 기술을 익혀 취직하기에는 나이가 너무 많아 할 수 있는 일이 별로 없었다.

그래서 선택한 것이 유명 브랜드의 체인점을 내는 것이었다. 마침 아는 사람의 소개로 다른 업종으로 전환하려는 체인점 점주를 소개받게 되었다. 한 부장은 먼저 퇴직한 사람들이 실패한 경험을 바탕으로 이것저것 꼼꼼하게 따지고 본사의 재무상황과 대리점에 대한 지원을 살핀 후에 대리점을 인수했다.

한동안은 문전성시를 이루어 금방이라도 큰 부자가 될 것 같았다. 그런데 어느 날 본사로부터 영업정지 명령통지서가 날아들었다.

체인점을 인수할 때 전 점주와 본사 간의 계약관계를 따져보지 않은 것이 실책이었다. 본사가 인정하지 않는 체인점 인수인계는 계약위반이라는 것이다. 본사와의 관계는 다 알아서 처리해 주겠다는 전 점주의 말만 믿었던 것이다.

소개해준 사람의 입장도 있고 해서 더는 따져 묻지 않은 걸 후회했지만 이미 엎질러진 물이었다. 결국, 한 부장은 전 점주에게 지급한 만큼의 계약금을 다시 본사에 내고 정식 체인점 허가를 받았다.

한 부장은 나름대로 이리저리 살폈지만, 본사와 체인점의 계약관계를 제대로 파악하지 못했다. 그러나 한 부장의 결정적인 실수는 본사와의 계약관계를 제대로 살피지 못한 것이 아니라 아는 사람을 통해 체인점을 인수했다는 점이다. 아는 사람이라는 믿음 위에 성립된 계약이라 꼼꼼하게 약정사항을 검토하지 않은 것이다. 자칫 소개해 준 사람을 믿지 못하는 것으로 비치기 때문이다.

우리는 계산적인 것을 야박하고 인정이 없는 것으로 생각한다. 그래서 "자세히 얘기해 봐. 어떻게 그런 계산이 나올 수 있지?" 하고 어떤 일의 이유나 과정에 대해 질문하거나 제시된 것의 근거를 물으면 따지는 것으로 생각한다. "지금 저를 의심하는 건가요?" 하면서 이상한 눈빛으로 쳐다보곤 한다.

그러나 간과하지 말아야 할 사실은 주먹구구식의 인정만으로는 세상을 살아갈 수 없다는 것이다. 인정도 체계화되고 개념화되어야 한다. 적당한 계산은 서로에게 이익이다.

충(忠): 백의종군의 민족,
약속은 신뢰의 척도

옳다고 믿는 일은 목숨도 바친다

한국인이 중시하는 전통적 가치를 하나의 단어로 압축하면 '충효'라고 할 수 있다. '충'이나 '효'는 모두 특정 대상에 대해 자발적으로 우러나오는 충성스러운 마음에 관한 내용이다.

〈먼나라 이웃나라〉 시리즈의 저자로 유명한 이원복 교수가 한국, 중국, 일본의 특징을 한 글자의 한자어로 각각 표현한 적이 있다. 중국을 상징하는 글자는 '一(한 일)'이었다. 중국의 지식인들은 나라가 분열될 때마다 외세로부터 치욕을 당했던 역사 때문에 하나의 중국을 무엇보다 중요하게 생각한다. 일본을 대표하는 글자는 '和(조화로울 화)' 자였다. 일본은 섬나라여서 서로 다투면 이를 분출할 방법이 없다. 대륙의 국가들은 싸움을 벌이다 형세가 불리해지면 멀리 피신했다가 훗날을 도모할 수 있지만, 섬나라에서는 이것이 불가능하다. 따라서 일본인들은 이웃과 조화롭게 지내는 것을 무엇보다 중요한 가치로 여긴다.

그렇다면 한국을 대표하는 한자어로는 무엇이 선정되었을 것 같은가? 바로 '忠(충성스러울 충)'이다. 우리 민족은 옳다고 믿는 대상이나 가치를 지키기 위해서라면 기꺼이 목숨까지도 바치기 때문이다.

오랫동안 유교를 국교로 받아들이면서 선비정신이 마음속에 도도하게 흐르고 있고, 한 분야에 우직하게 몰두하는 장인정신을 높이 평가하는 문화도 깊숙하게 자리 잡았다. 〈허준〉, 〈대장금〉, 〈불멸의 이순신〉, 〈태조 왕건〉 등 사극 드라마의 인기요인도 충성스러운 인물들과 충의 가치에 공감하는 한국인의 정서가 반영된 결과이다. '장충동 족발'이나 '신당동 떡볶이' 등의 유명 음식들에 분명한 원조집이 있고, 이들이 충분한 프리미엄을 누리는 것도 한 분야에서 꾸준히 성실하게 일한 사람이나 회사를 인정하는 분위기 때문이다. 한국인은 그만큼 전통과 정통성을 중시한다.

충의 진정한 의미는 윗사람에 대한 복종이 아니라 한가운데(中)로부터 우러나오는 진정한 마음(心)이다. '충'을 잘못 해석하면 맹목적인 복종이나 믿음이 되어 버리기 때문에 현명하게 가려서 판단하는 지혜가 필요하다.

충성스러운 한국인을 설득할 때는 속임수나 거짓말이 아닌 믿을 만한 근거나 자료를 제시하는 것이 효율적이다. 공신력 있는 논문, 실험, 통계, 특허 등이나 권위자의 말을 인용하는 것이 핵심이다.

처음과 끝이 같게 하라

상대방으로부터 "나는 너를 믿어"라는 말을 듣기 위해서 가장 중요한 요소는 무엇일까? 이 질문에 답할 수 있다면 설득의 기술을 상당한 수준으로 구사할 줄 아는 사람이다.

신뢰는 처음과 끝이 변함없는 일관성에서 나온다. 수십 번을 물어도 같은 대답이 나와야 진정한 믿음을 얻을 수 있다. 진실의 기초 위에서 서로의 도리를 지켜야 신뢰를 쌓는 특별한 경험을 할 수 있다.

인간은 근본적으로 안정을 원한다. 인간의 심리에는 항상성을 유지하고자 하는 본능이 있다. 일관성이란 안정의 개념이 포함된 개념이다.

믿음은 일관된 행동에서 나오며 일관된 행동은 마음의 평화를 가져온다. 상대방에게 믿음을 줄 수 있는 일관성을 가지려면 근면·성실이 필수적이다. 근면과 성실 또한, 그냥 따라 오는 것이 아니다. 성실하기 위해서는 정확한 목표가 세워져야 한다. 목표는 마음속 깊은 곳에서 꿈틀거리는 꿈이 있어야 가능하다.

이처럼 상대방에게 믿음을 준다는 것은 순환체계로 연관되어 있다. 내가 상대를 믿는 마음을 가지지 않고는 상대방에게 그 어떤 믿음도 줄 수가 없다.

약속은 죽을 각오로 지켜라

영국 런던시의 한 관리가 웰링턴 장군을 만나기로 약속을 했다. 관리가 약속시간에 조금 늦게 도착하니 웰링턴은 벌써 와 있었다.

"죄송합니다. 제가 좀 늦었네요."

"자네 5분씩이나 늦었는데 그리 태연히 말을 할 수 있나?"

웰링턴은 불쾌한 표정을 지으면 말했다.

"에이, 장군님도. 5분밖에 늦지 않았는데 뭘 그러십니까?"

"뭐? 5분밖에? 5분이면 그 사이에 나의 군대는 패전했을지도 모르지 않는가! 5분 아닌 단 1분이라도 그 시간에 이루어질 중대한 일을 생각해 보게."

"네. 죄송합니다."

하는 수 없이 관리는 장군에게 사과했다. 얼마 후 관리는 다시 웰링턴 장군을 만나게 되었다.

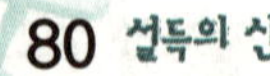

"이번에는 늦지 말아야지."

관리는 지난번에 늦은 것을 만회할 겸, 약속시간보다 조금 일찍 도착했다. 이윽고 장군이 약속장소에 나타났다.

"어떻습니까? 이번에는 제가 5분이나 더 빨리 왔습니다."

관리가 자랑스럽게 말했다. 그러자 웰링턴 장군은 불쌍하다는 듯이 관리를 쳐다보았다.

"자네는 시간의 가치를 정말 모르는군. 나는 정확하게 시간을 지켰지만, 자네는 아까운 시간을 5분이나 낭비했어."

우쭐해 있던 관리는 입을 딱 벌린 채 아무 말도 하지 못했다.

누군가에게 믿음을 주는 첫째 요소는 약속을 지키는 일이다. 하지만 이 기초적인 일조차 제대로 하지 못해 많은 비즈니스가 좌초되고 계약이 실패로 돌아간다. 신용의 첫째 조건은 약속을 지키는 일임을 명심하자.

조선말 대원군이 집정하던 시절에 조선과 미국 간의 전쟁인 '신미양요'가 있었다. 조선의 '광성포대'가 미 해병대에게 점령되었을 때 수백 명의 병사들은 한강에 투신자살했다. 또 움직일 수 없어 한강에 투신하지 못한 부상병들은 차라리 죽여 달라고 애원을 했다는 기록이 있다. 당시 미군이 이 모습을 보고 조선군의 용맹함과 군인정신을 칭송했다.

조선군이 죽음을 택한 이유는 충성을 다 하지 못했다는 부끄러움과 나라를 지키겠다는 약속을 어긴 죄책감이었다. 목숨보다 충을 중시하는 전통을 가진 한국인은 특히 약속을 잘 지키지 않는 사람을 신용하지 않는다. 자기가 한 말에도 마음을 다하지 못하는 사람이 타인의 말을 중시할 리가 없기 때문이다.

약속을 지키지 못하면 자칫 상대방에게 심한 손해를 끼치는 결과를 일으킬 수도 있다. 그러므로 약속을 지키지 못할 경우에는 사전에 반드시 연락해야 한다. 상대방과 첫 만남에서는 더욱 신경을 써야 한다. 첫 이미지가 잘못 형성되면 그 만남은 오래갈 수 없다. 설령 오래된 만남이라도 회복하는 데 상당한 시간과 노력이 필요할 것이다.

약속은 말로 이루어진다. 그러나 약속을 지키는 것은 행동이다. 믿음이란 말과 행동이 일치할 때 생겨난다. 한자로 '믿을 신(信)' 자는 '사람인(人)' 변에 '말씀 언(言)' 자를 쓴다. 사람은 자신이 말한 것을 정확히 지킨다는 뜻이다.

일상생활 속에는 지켜야 할 수많은 약속이 있다. 출퇴근 시간, 점심시간, 근무시간 등 우리는 나도 모르는 사이에 정해진 다양한 약속 속에 살아가는 것이다.

비즈니스에서 약속은 더욱 중요하다. 시간을 지키는 수준을 넘어 사전에 약속장소 예약과 각종 주변 상황을 미리 확인해서 문제가 발생하지 않도록 해야 한다. 시간뿐 아니라 장소에까지 신경 쓴다면 당신의 가치는 더욱 높아질 것이다.

시간약속뿐 아니라 다른 약속도 많다. 금연, 금주, 신앙 등 나와 하는 약속이 있고, 누군가에게 도움을 주거나 무언가를 빌려주는 등 타인과의 약속이 있다. 어떠한 유형의 약속이든 그것을 지키지 못했을 때는 상대방의 마음을 아프게 할 뿐만 아니라 상대방에게 믿음을 주지 못한 자신의 마음도 다치게 될 것이다. 시간계획이 틀어지거나 엄청난 금전적 손실이 발생할 수도 있다.

 자신의 능력을 정확히 파악하고 지킬 약속만 해야 한다. 아무리 능력이 출중한 사람도 모든 일을 동시에 다 해결할 수는 없다. 약속을 어긴다는 것은 그만큼 그 일에 비중을 덜 두고 있다는 이야기가 된다.

 일어날 가능성이 있는 미래에 대한 경우의 수를 미리 생각해두면 된다. 그래서 약속을 할 때 만약을 위한 조건을 달아둘 필요가 있다. 사람이란 완벽한 존재가 아니기 때문이다. 중요한 약속이나 행사에는 반드시 예비의 개념을 적용해서 당황스러운 일이 벌어지지 않도록 해야 한다. 약속을 잘 지킨다는 것은 융통성을 많이 가지고 있다는 의미이고, 이는 변화에 대해 즉각적으로 대처할 준비를 한 사람만이 가능한 일이다.

카리스마 발휘하는 법

카리스마(charisma)는 본래 기독교 용어로 '무상의 선물'이란 뜻에서 나온 말이다. 독일의 사회학자 M. 베버는 보통의 인간과는 다른 초자연적·초인간적 재능이나 힘을 카리스마라고 했다.

올바르고 신뢰할 만한 가치나 인물을 만나면 믿고 따르는 마음이 강한 한국인을 설득할 때는 강력한 신뢰를 주는 카리스마를 가질 필요가 있다. 한국사회에서 카리스마적인 리더가 유난히 성공하는 사례가 많은 것은 이 때문이다. 카리스마를 발휘한다는 것은 리더십을 발휘한다는 말과 일맥상통할 정도이다.

카리스마를 가지기 위해서 가장 중요한 요소는 무표정한 얼굴로 거칠게 말하는 것이 아니라 솔선수범하는 것이다. 카리스마는 권한이나 힘이 아니라 추종자들의 자발적인 참여로 만들어지기 때문에 솔선수범하는 리더만이 추종자의 자발적인 참여를 유도할 수 있다.

또한, 리더보다는 추종자의 입장에서 받아들일 수 있는 조직의 여건을 만들어야 한다. 리더는 어떤 책임이든 감수해야 하고, 각자의 능력을 계발하고 조직 안에 융화될 수 있도록 이끌어 나가야 한다. 리더십은 상하관계에서 이루어지는 종속적·강제적 형태여서는 안 된다. 최근의 조직 문화는 상하·수직의 관계에서 평등·수평의 관계로 급격히 변하고 있다. 즉, 추종자를 목표달성을 위한 동반자, 또는 업무의 실제 수행자로 재정립하고 있는 것이다.

이처럼 추종자를 리더의 동반자로 규정하여 개인 차원에서 각 구성원들에게 내적 동기와 행동능력을 부여하고, 집단 차원에서 각 구성원들이 상호협력과 공유를 통해서 파워를 창출해 나가는 과정을 이끌어가는 사람이 카리스마 있는 리더이다. 신뢰를 바탕으로 구성원들을 각종 제약으로부터 해방시켜 각자의 능력과 잠재력을 키워 주는 것이다.

솔선수범하고, 추종자의 입장에서 상황을 바라보며, 그의 잠재력을 끌어내기 위해 노력한다면 자발적인 순종을 얻어낼 수 있다. 이후에 자신이 원하는 방향으로 그 사람을 설득하는 것은 그다지 어렵지 않다.

카리스마 강화하는 세 가지 요소

첫째 요소는 전문성이다. 일의 처음과 끝을 자기 힘으로 통제할 수 있을 정도로 해당 분야에 정통해야 한다. 자기 분야에서 압도적인 실력을 갖추지 않고는 조직원도 고객도 설득할 수 없다. 구성원들은 더는 리더를 믿지 못하고 갈팡질팡 오합지졸이 되고 말 것이고, 고객은 판매자를 신뢰하지 못해서 거래처를 바꿀 것이다.

어느 조직이든 낙하산 인사나 적당한 타협을 통해 승진한 '사이클 선수' 유형의 인간들이 있게 마련이다. '사이클 선수' 유형이란 사이클을 타는 모습처럼 윗사람에게는 연신 고개를 수그리고 아랫사람에게는 페달을 밟듯이 무지막지하게 대하는 사람을 말한다.

대부분의 '사이클 선수'형 리더들은 업무지식이 부족하거나 전문성이 빠져 있다. 특히 중간 리더가 그런 유형이면 아랫사람이 피곤할 뿐 아니라 업무의 효율성도 치명적인 손상을 입게 된다. 조직의 목표와 자신의 역할을 정확히 인식하지 못하기 때문에 업무의 순서와 방향을 잃고 갈팡질팡 헤매기 때문이다.

카리스마를 원하는 리더는 절대 전문성을 상실해서는 안 된다. 그러기 위해서는 자신의 업무를 충분히 숙지하고 조직원을 이끌고 설득할 수 있어야 한다. 동시에 상위 목표를 직시하고 하위 목표를 접목할 방법을 고민하고 이를 달성시켜 나가야 한다.

둘째, 미래를 볼 줄 아는 혜안이 있어야 한다. 이는 쉬운 일이 아니다. 자신의 분야에 정통하다고 해서 혜안이 생기는 것은 아니기 때문이다. 국내뿐 아니라 세계의 흐름과 사회·문화의 변화 추이를 날카롭게 통찰할 수 있어야 한다. 조직이 오랫동안 존속하기 위해서는 항상 변화에 적응해야 한다. 미래는 갑자기 나타나는 것이 아니다. 과거가 있기에 현재가 있는 것이며, 현재가 있기에 미래가 있다. 과거의 문제점을 간파하고 교훈을 찾아내 현재의 문제점을 개선하고, 새로운 분야의 장점을 자기 분야에 융합하는 사람만이 미래를 예측할 수 있다.

리더는 과거의 실수를 되풀이하지 않아야 하고, 오늘 일에 최선을 다하면서도 항상 내일을 준비해야 한다. 5년 뒤, 10년 뒤를 위한 대비책을 가지고 있는 사람은 리더뿐이다. 이런 사람이 조직을 오랫동안 존속하도록 이끌어갈 수 있다.

리더는 혼자의 몸이 아니다. 자기의 판단에 따라서 수많은 사람들의 운명이 바뀐다. 전체를 위하는 마음, 목표 달성을 위해 자신을 먼저 희생하겠다는 마음이 있는 사람이 미래를 예측할 수 있는 현재의 실마리들에 더욱 민감하게 반응한다.

셋째는 황소 같은 추진력이다. 전문성이 없고 미래를 읽는 혜안이 없는 리더는 추진력도 부족하다. 일관성이 없는 리더가 어떻게 중요 사항을 결정하고 일을 진행해 나갈 수 있겠는가? 갈팡질팡하다가 귀한 시간만 낭비할 뿐이다. 또한, 미래를 예측하지 못하는 리더가 어떻게 확신을 가지고 일을 밀어붙일 수 있겠는가? 당연히 일관성과 미래를 내다보는 혜안이 있는 리더가 추진력도 뛰어난 법이다.

결국, 위 세 가지 요소는 밀접하게 연결되어 동시에 기능하는 것이다. 앞서 말한 두 가지 요소를 겸비한 사람이 추진력 있게 일하기 위해서는 결단력이 있어야 한다. 오늘 할 일을 절대로 내일로 미루지 않는다는 고집과 다소 잘못되는 경우가 있어도 반드시 실천으로 옮긴다는 의지가 필요하다. 조직원들을 감화로 설득하고 카리스마로 유혹하는 리더가 되고 싶다면 이 세 가지 요소들을 모두 갖추어야 할 것이다.

　리더가 아닌 설득이 목표인 사람에게도 이 세 가지는 자기 일에 대한 확신과 성공을 가져오는 중요한 척도임을 깊이 명심하기 바란다.

예(禮): 공자도 배우고 싶다! 예의범절의 대한민국

동방예의지국의 후손들

한국인은 유난히 예의범절을 중시한다. 학번, 군번, 입사연도, 나이, 촌수, 지위 등에 따라서 지켜야 할 예의도 많고 범절도 복잡하다. 법도를 어겼다가는 가정교육도 못 받고 자란 천덕꾸러기 취급을 당하기 일쑤다.

외국인들이 가장 부러워하는 우리 문화가 바로 예의범절이라고 한다. 서양의 매너와 동양의 예의범절은 본질적으로 다르다. 서양의 매너는 상대에 대한 단순한 배려지만, 동양의 예의범절은 마땅히 그래

 박찬호가 메이저리그 경기에 등판할 때마다 모자를 벗고 주심에게 묵례를 하여 예의와 존중을 표하는 모습을 보여준 것이 대표적인 사례이다.

물론 예의를 중시하는 문화에서 생겨난 권위의식, 서열의식, 체면의식, 수직적 사고는 경계의 대상이다. 남을 의식한 겉치레와 허례허식도 '예' 의 잘못된 모습이다.

예를 중시하는 한국인을 설득할 때는 예를 갖춰야 한다. 상대방의 모순을 비판하거나 단점을 지적할 때도 예의를 잃지 말아야 한다. 만약 이 불문율을 지키지 않는다면 설득이 아닌 싸움을 시작해야 할 것이다.

감투를 인정하라

'감투' 란 관직에 종사하는 사람들이 쓰는 모자이다. 한국 사람은 감투 쓰기를 좋아한다. 감투는 단순한 모자가 아니라 권한이나 책임 등을 수행할 수 있는 직책을 상징하는 말이다.

감투를 좋아하는 사람은 가장 설득하기 쉬운 유형이다. 이런 사람을 상대할 때는 우선 자신을 낮출 필요가 있다. 감투를 좋아하는 사람은 늘 지시하거나 명령을 내리는 입장에서 생활한 경우가 많아 인간관계에서도 자기를 우러러봐 주기를 원하기 때문이다.

그러므로 관계의 시작은 먼저 자신을 낮추는 것으로 시작해야 한다. 그리고 상대방에게 나의 선망의 대상이 바로 당신이라는 표현을 더한다면 지속적인 관계를 유지하며 목적하는 바를 이룰 수 있을 것이다.

이런 상대에게는 진실한 마음으로 접근하는 것이 중요하다. 성급하게 다가서기보다는 차근차근 세심하게 접근해야 한다. 이런 유형의 사람들은 처음에 마음을 열기가 힘들지만 일단 상대를 믿으면 모든 것을 다 내어놓는 성격이다. 비즈니스를 할 때 이런 사람들을 만나면 성공할 확률이 크게 높아진다. 진심으로 다가가기만 한다면 말이다.

옷은 어울리게 입어라

옷이란 '몸을 보호하기 위해 입는 것' 이상의 무엇이다. 그것은 '자기 자신을 보여주기 위한 것'이다. 때로는 옷이 날개가 되기도 한다. 여기서 '옷'이 '날개'가 되는데 필요한 요소들을 살펴보기로 하자.

첫째가 맵시다. 입어서 모양이 나야 한다.

둘째는 재질이다. 색상이나 맵시가 같다 하더라도 질감에 따라 차이가 있다. 의복 전문가가 아니더라도 사람이 입은 옷의 형태나 재질만으로도 값비싼 옷인지 아닌지 알 수 있다. 옷으로 그 사람의 재정적인 상태나 사회적 지위가 어느 정도인지 파악 수 있다는 얘기다.

셋째는 인기 있는 연예인이나 유명한 정치인이나 기업가들이 입는 옷은 무언가 다르다. 유행에 맞는 옷을 누구나 입을 수 있는 것은 아니다. 그만큼 재정적인 뒷받침이 되어야 하고 유행을 알고 추구하는 감각이 있어야 한다.

이렇듯 옷은 몸을 보호하는 기능 이외의 다른 기능 즉, 재정상태, 감각적·개인적 성향 등을 드러내는 기능을 한다.

비즈니스를 하는 사람이라면 될 수 있는 한 깔끔한 정장차림이 필수적이다. 편안한 차림으로 비즈니스에 임하기도 하지만 그래도 격에 맞지 않는 복장은 피하는 것이 좋다. 그렇다고 무조건 비싼 옷을 고집하여 입는 것도 올바른 태도는 아니다.

비싼 옷이 제값을 하는 것은 사실이지만, 상대에 맞는 옷을 선택하는 것이 더 중요하다. 자리를 보고 옷을 입어야 한다. 특히 상대방에게 최대한의 성의를 보여야 할 때는 더욱 그렇다.

용도에 맞게 의복을 차려입는 것이 곧 권위를 유지하는 길이다. 성격이나 취향에 따라 옷을 입는 유형이 달라지겠지만, 공직자나 회사원이라면 깔끔하고 단정하게 넥타이를 착용한 정장차림이 가장 바람직하다. 깨끗하게 옷을 입는 사람은 성실하고 정직한 사람이라는 인상을 준다. 그리고 활동적이고 성격이 원만하고 사교적인 사람들은 노타이에 청바지를 입는 등 캐주얼한 복장을 즐기기도 한다.

또한, 차이나 스타일의 옷을 즐겨 입는 사람도 있다. 이들은 항상 목을 감싸는 옷을 입는다. 목이 노출되어 있으면 속을 다 내보이는 느낌이 들기 때문이다. 이런 유형의 남성들은 다소 소극적이고 여성스러운 성격의 소유자이다. 혼자 있기를 좋아해서 여러 사람들이 모이는 장소를 피하고 독서나 음악 듣기를 즐기는 경향이 있다.

어떤 형태의 옷이든 입는 사람의 권위와 격에 맞아야 한다. 옷은 입고 있는 사람의 지위와 성격과 그 사람의 전반적 위치를 보여주는 하나의 척도로 작용한다. 옷과 그 옷을 입고 있는 사람에 얽힌 관계를 풀어낸다면 그 사람을 설득하고 지속적인 관계를 유지하는 데는 큰 어려움이 없을 것이다.

말할 때는 자기 원칙이 있어야 한다

말은 권위보다 존경을 바탕으로 수긍하고 따르게 하는 것이 중요하다. 권위를 앞세운 말보다는 다정다감하게 상대방을 설득하고 이해시키는 말이 되어야 한다.

말할 때 가장 주의해야 할 것은 상대방을 무시하지 않아야 한다는 점이다. 논리적이고 유창하게 말한다고 해서 상대방의 의사를 무시하거나 업신여겨서는 안 된다. 특히 아랫사람을 무시하며 상대의 말꼬리를 잡는 일은 삼가야 한다.

또 한 가지 중요한 것은 상대방의 말을 끝까지 들어야 한다는 점이다. 상대방의 말을 끝까지 듣기 위해서는 대단한 인내력이 필요하다. 그러나 그것이 결국, 상대방을 설득하는 데 가장 중요한 역할을 한다. 그러므로 말을 하기 전에는 반드시 상대방의 이야기를 끝까지 듣는 훈련을 쌓아야 한다.

예의와 위계질서를 활용해 설득하는 방법에는 다음의 네 가지가 있다. 경우를 잘 따져서 적당한 방법을 골라 쓰길 바란다.

첫 번째는 대의명분을 내세우는 방법이다. 학교나 단체생활에서 주로 사용되는 기초적인 방법이다. 즉, 정해진 규율을 지키도록 강조하는 훈육이나 지도가 여기에 해당한다. 조직의 존재와 목적과 기본개념을 이해시키고 설득하고 잘못된 행위를 지적하는 것이 중요하다. 이러한 방법은 개인으로부터 시작하여 설득이 전체에 미치게 하는 거시적 설득방법이다.

두 번째는 대화의 기선을 제압하는 방법이다. "무조건 시키는 대로 해"라는 말은 일시적인 효과 외에는 아무것도 기대하기 어려운 법인데 바로 이 일시적인 효과를 이용해서 대화를 시작하는 방법이다. 하지만 반복해서 사용하면 받아들이는 사람에 따라서는 억지를 부린다고 느낄 수 있으며 비논리적이고 비합리적이라고 생각할 수도 있다.

세 번째는 상대방의 부족한 점을 이용하는 방법이다. 이 방법은 상대의 부족하고 보완해야 할 점을 지적하여 더 나은 방향으로 개선되도록 하는 것이다. 불쾌감이나 모욕을 느끼게 하는 비인간적인 처사는 절대 아님을 명심해야 한다.

네 번째는 특권의식을 불어넣는 것이다. '단골손님 효과'라고 할 수 있다. 사람들은 자신이 특별한 존재라고 생각하며 또 그에 맞는 대접을 받기 원한다. 그래서 누군가가 자기를 특별한 존재로 인정한다고 생각하면 충직한 도우미가 된다.

몸짓을 관찰하면 예에 어긋남이 없다

걸음걸이나 몸짓은 사람의 지위나 직업, 심지어는 심리상태까지 보여주는 신호이다. 기업체 사장과 간부들, 정부의 고위직 공무원들, 그리고 정치인들 같이 사회적 지위와 그에 따른 권위를 누리고 있는 사람들의 걸음걸이는 일반인들과 다르다.

그들의 몸짓이나 걸음걸이에는 어딘가 모르게 자신감이 배어 있고 무게감이 느껴진다. 사회적 지위와 권위가 걸음걸이나 몸짓에 묻어 나오는 것이다.

처음 만나는 사람의 심리상태나 사회적 지위를 단번에 파악할 수 있다면 설득의 기선은 제압한 셈이다. 사람의 몸짓을 유심히 관찰하면 그가 어떤 기준에 따라서 행동하고 있고, 상대방에게 어떤 예절을 요구하는지 쉽게 파악할 수 있다. 그 요구에 맞게 행동하는 것만으로도 상대의 마음에 쏙 드는 사람이 되는 것이다.

하지만 우리는 종종 사람을 잘못 판단한다. 우리는 사람의 몸짓에 관해서 이렇게 행동하는 사람은 이러한 유형의 사람일 것이라는 고정관념을 가지고 있다. 그런데 직위나 직급에 맞지 않게 행동하는 유형의 사람들이 있다. 이런 경우에는 고정관념에서 벗어나 그 사람의 행동의 원인과 논리를 찾으려는 노력이 필요하다. 권위적인 것을 벗어나고자 하는 나름의 노력일 수도 있고, 틀에 갇혀 있기를 싫어하는 성격일 수도 있다.

인사는 예의의 시작이자 끝

인사는 상호성이 있어야 한다. 혼자만의 의무감에 의해 하는 것이 아니라 상대방이 인사를 받도록 해야 한다. 인사를 잘하는 사람이 성공할 확률이 높은 것은 엄연한 사실이다. 그래서 학교에서나 가정에서는 인사를 잘하라고 강조하곤 한다.

대부분 인사는 아랫사람이 윗사람에게 하는 것이 원칙이라고 알고 있다. 그러나 인사는 누가 먼저 해야 한다는 원칙이 있는 게 아니라 먼저 보는 사람이 하는 것이다. 인사 그 자체가 상호작용이기 때문에 일방적으로, 특히 아래에서 위로만 이루어지는 것은 바람직하지 못하다. 윗사람도 아랫사람에게 먼저 인사할 수 있다. 그것은 자발적인 존경을 이끌어 내는 방법이기도 하다.

인사할 때 또 하나 중요한 것은 상대방에 대한 호칭 사용이다. 우리 주위에는 의외로 호칭에 대해 민감한 사람들이 많다. 도가 지나친 호칭을 사용해서도 안 되지만, 그 반대의 경우도 곤란하다. 공식적인 자리라면 정확한 직급이나 계급으로 불러야 하고, 사석에서는 듣는 이의 생애 최고직급을 호칭으로 삼는 것이 좋다.

사회나 조직에서 반드시 불러야 할 호칭이 정해져 있다면 이에 충실히 따라야 한다. 나이가 아래인 선배, 스폰서, 상급자일수록 더 예의를 깍듯이 지켜야 한다. 상대방이 후배이거나, 아랫사람이거나, 거래요청자라도 인격이 손상되지 않도록 조심해야 함은 물론이다.

또 한 가지 중요한 것은 인사할 때의 표정이다. 말의 부드러움도 중요하지만, 더욱 중요한 것은 표정이다. 어두운 표정으로 인사를 받는다면 인사한 사람의 기분이 유쾌하지는 않을 것이다. 더욱이 아침 인사를 그렇게 한다면 하루의 시작부터 기분이 무겁게 가라앉게 된다.

특별히 개인적으로 기분이 좋지 않았다고 이해해주길 바라지 말고 습관적으로 환한 표정을 지어야 한다. 더욱이 조직이나 팀을 이끌거나 기업을 경영하는 사람이라면 더더욱 밝은 얼굴로 조직원에게 활기차고 행복한 삶에 대한 동기부여를 할 책임이 있다.

상호 간 존재의 의미를 알리는 커뮤니케이션 신호인 인사는 보이지 않는 힘을 가지고 있다. 특히 의례적인 말뿐만 아니라 싱긋 웃는 밝은 표정이나 미소 띤 표정으로 묵례를 하는 것만으로도 엄청난 가치를 발휘하게 된다. 인사란 나와 상대에 대한 존재의 확인뿐만 아니라 관계설정에서 중요한 의미를 지닌다. 누구를 만나더라도 그 사람에게 맞는 진심 어린 인사는 당신이 얻고자 하는 것보다 더 많은 것을 가져다줄 것이다.

튀지 말고 상대와 보조를 맞춰라

대부분의 사람들은 집단이나 단체 속에 묻혀 있을 때 안정감과 평온함을 느낀다. 앞에 나서면 모든 책임을 혼자 져야 한다는 부담이 싫은 것이다. 총대를 메기 싫어하고 군중에 묻혀 있기를 바란다. 이것은 개인의 이익을 추구하고 손해를 보지 않으려는 목적의식과 전체라는 울타리 속에서 함께 살며 생존의 경쟁 속에서 살아남기를 바라는 심리가 같이 작동한 결과이다.

누구에게나 내가 하지 못하는 것을 남이 하면 내키지 않는다. 특히 무한경쟁의 시대를 살아가는 현대인들에게는 더욱 못마땅한 일이다.

상대가 앞서나간다는 것은 상대적으로 자신이 그만큼 뒤처질 가능성
이 높아진다는 의미이기 때문이다.

한국 사람들은 톡톡 튀거나 사사로운 이익을 위해 앞장서는 사람
을 유난히 싫어한다. 살아도 죽어도 함께 가야 하는 동질성 의식과
차별을 원하지 않는 사고방식이 만들어낸 현상이다. 같은 이유로 너
무 뒤로 빠져 있는 행동 역시 튀는 행동 만큼 지탄받는다.

그렇다면 어떻게 행동해야 신뢰를 얻을 수 있을까? 방법은 간단하
다. 80%는 남과 비슷하게, 20%는 남과 다르게 행동하면 된다. 대부
분의 일은 서로 어깨를 걸고 호흡을 맞추며 한 발씩 같이 내딛으면서
동질성을 획득하고, 자신이 잘하는 일에 대해서는 간발의 차이로 앞
장서는 사람이 되는 것이다. 이것이 한국형 리더십이고 설득전략이다.
앞서 갈 때 반드시 명심해야 할 점은 "나를 따르라." 거나 "나는 잘
났다." 하는 식으로 앞에 나서는 사람은 그 생명이 오래가지 않는다
는 것이다.

한국인을 위한 설득학

입에서 나오는 말은 무한대로 다양하지만 정확한 원칙과 기술이
뒷받침되지 않은 말들은 설득의 상황에 적합하지 않다.
설득하는 말하기의 변하지 않는 원리들에 대해 알아보자.

persuasion
convicción
Überredung
убеждение
persuasi

신동엽처럼 말하고,
유재석처럼 들어라

영문법을 처음 배우면 5형식부터 공부하게 된다. 아무리 복잡한 영어문장도 쪼개면 전부 이 다섯 가지 형식에 들어간다. 형태는 셀 수 없이 복잡하지만, 내면의 원리는 그렇게 단순한 것이다. 형식을 어기면 아무리 멋진 단어들로 문장을 만들어도 비문(非文)이 되고 만다.

설득을 위한 말하기도 마찬가지이다. 입에서 나오는 말은 무한대로 다양하지만 정확한 원칙과 기술이 뒷받침되지 않은 말들은 설득의 상황에 적합하지 않다. 5형식을 모르면 영작을 할 수 없듯이 알지 못하면 설득할 수 없는 말하기의 원칙들이 있다. 이 책의 다른 부분과 중복되는 부분을 제외하고 설득하는 말하기의 변하지 않는 원리들에 대해 알아보자.

쉽게 설득하고 깊게 존경받는 사람들을 보면 공통점이 있다.

우선 대부분 정확한 표준말을 쓴다. 여기서 표준말이란 사투리의 반대말이 아닌, 비속어나 은어가 없는 바른말을 의미한다. 특히 유행어나 인터넷 용어 등을 조심스럽게 다룬다. 자칫 분위기를 경직되게 만들 수 있기 때문이다. 쓰고 싶은 단어가 아니라 상황에 맞춰서 단어를 사용하기 때문에 크게 말실수를 하지 않는다.

말을 하는 억양에서도 절도가 있다. 우유부단한 태도로 말하지 않고 맺고 끊는 것이 분명하다. 또한, 상대방이 듣고 이해하기 쉽도록 말에 장단이 있으며 부드러우면서도 조용하게 말한다.

우회적으로 말하는 법을 알아야 한다. 한국인들은 어느 민족보다도 지는 것을 싫어하는 다혈질의 민족이다. 전쟁사를 살펴봐도 대등한 병력으로 적과 싸워 물리친 경우보다는 몇 배나 많은 적을 초토화해버린 경우가 많다. 한국인은 싸움이 벌어지면 물러나는 법이 없는 독한 사람들임을 알아야 설득할 수 있다.

이런 한국인을 설득할 때 매번 직설적 표현만 남발하는 것은 전쟁

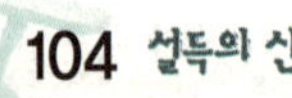

을 선포하는 것과 같은 일이다. 불같은 기질에 기름을 붓는 것은 지혜롭지 못하다. 이런 경우 우회적 표현이 필요하다.

그렇다면 우회적인 표현은 어떻게 해야 할까?

첫 번째 방법은 예를 드는 것이다. 상대방이 자기한테 하는 말이라는 것을 알아차리지 못하고 하나의 이야깃거리로 편하게 받아들일 수 있기 때문이다. 예증을 통한 우회적인 표현은 직접적인 표현보다 자발적인 행동의 변화를 유발하고 본인 스스로 문제를 인식하고 개선하게 하는 효과가 있다.

두 번째 방법은 예고적(豫告的)인 표현 즉, 암시적인 표현을 사용하는 것이다. 상대방의 도움이나 동의가 필요할 경우에 적절한 표현 방법이다.

> "만약에 당신이 그러한 일을 할 수밖에 없는 상황이라면 당신은 어떻게 하시겠습니까?"
> "다가오는 음악회에 선배님이 출연하게 된다면 무슨 곡을 부르시겠습니까?"

이미 정해 놓은 사실을 예고하거나 암시적으로 표현함으로써 설득하는 방법이다. 설득 대상자를 충분히 배려하면서도 선택할 여지를 많이 남기지 않기 때문에 좋은 효과를 얻을 수 있다.

세 번째는 상대방의 닫혀 있는
마음의 문을 조금씩 열거나, 자신의 잘못을 시인하지 않고 있는 사람
들에게 쓰는 방법이다. 순차적인 질문으로 잘못된 부분을 스스로 인
정하게 하거나 마음을 열게 한다. 여기에는 고도의 기술과 인내가 필
요하다. 상대방이 눈치를 채면 원하지 않는 방향으로 일이 꼬일 위험
이 있기 때문이다. 소크라테스의 산파법은 이 방법의 원조이자 정점이
라 할 수 있다.

이는 유도질문과는 다르다. 유도질문은 이미 답을 정해 놓고 조금
씩 그 답에 가깝게 접근하는 방식이지만 이 방법은 그런 의도성이 없
다.

리스닝(Listening)

상대를 설득하기 위해서는 먼저 들어야 한다. 어떤 사람인지, 무슨
생각을 하는지를 파악하기도 전에 먼저 말을 하는 것은 도박에서 상
대방 패를 알기도 전에 내 패부터 공개하는 것만큼 어리석은 일이다.
중요한 협상이나 대화의 순간이라면 듣기의 중요성은 더욱 커진다.

그렇다면 들으면서 무얼 알아내야 하는 걸까? 해답은 이미 책의
목차에 나와 있다. 들으면서 1장에서 설명한 7가지 심리적 특징을 파
악해야 한다. 그래야 2장에서 말하고 있는 7가지 설득의 기술들을 효
과적으로 사용할 수 있다.

예를 들어서 대화 도중 어려운 한자나 영어를 많이 쓰는 사람은

대부분 권위주의적인 성향을 가지고 있다. 상대방이 쉽게 이해하지 못하는 상황에서 우월감과 권위의식을 느끼려는 것이다.

이 사람의 기분을 흥하게 하려면 전문지식을 칭찬하는 것이 가장 빠른 길이다. 출신학교와 관련된 이야기로 대화를 풀어가는 것도 좋다. 이런 사람에게는 명령문보다는 조건문으로 설득하는 것이 바람직하고, 감성보다는 이성에 호소해야 한다. 행동보다는 이론에 기반을 두고 말해야 대화의 흐름을 깨지 않을 수 있다.

이런 대상자에게 설득자가 주도적으로 주장하고 명령조로 제안하는 것은 안전핀을 뽑은 수류탄을 주머니에 집어넣는 것처럼 위험한 일이다. 듣지 않고 무턱대고 설득부터 한다면 이런 실수를 하기 쉽다.

수도권에 오래 살았는데도 특정 지역의 사투리가 강하게 남아있는 사람은 대개 고향에 대한 자부심이 강하다. 해당 지역의 프로야구팀이나 지역축제 등을 소재로 활용해서 대화를 풀어나가는 것이 자연스럽다. 상대방이 중시하는 연(緣)을 활용하는 것이다.

적절한 추임새도 중요하다. 상대방은 인형을 보며 말하는 것이 아니다. 이야기를 듣는 사람이 별다른 반응을 보이지 않으면 말하는 사람은 하지 않아도 되는 생각을 하게 된다. '재미가 없나?', '내가 혹시 무슨 실수하고 있는 건 아닐까?' 라는 불안감이 들면 이야기에 집중할 수가 없다.

연예인 중에 유난히 예능 프로그램에 강한 사람들이 있다. 이들은 대부분 리액션이 빠르고 크다. 들으면서 바로 반문하거나 화끈한 반응을 보이며 분위기를 이끌어나가기 때문에 항상 캐스팅 우선권에 들어있다.

일상에서의 대화도 마찬가지이다. 표정, 몸짓, 감탄사, 적절한 반문, 효율적인 요약 등을 동반한 적극적인 듣기를 실천하라. 그러면 말하는 이는 마음을 활짝 열게 되고 내가 말할 때 설득될 확률도 높아지게 된다.

듣는 것은 비단 개인의 문제만은 아니다. 조직 역시 듣는 문화의 강도에 따라서 경쟁력이 좌우된다. 부하직원의 아이디어에 귀를 기울이지 않는 상관이 많은 조직은 제자리걸음만 반복하다 경쟁사에 따라잡히고 만다. 뛰어난 직원들의 창의성이 빠르게 사라지고 회의 중에 상사의 입맛에 맞는 말만 생각하게 되기 때문이다. 직원들이 자유롭게 의견을 말하지 못하고 상사의 눈치를 보게 하는 것보다 조직을 빨리 망하게 하는 방법은 없다.

예전에는 국내 라면 시장의 절대 강자가 N사가 아닌 S사였다. S사의 대리점에서 사람들이 라면을 먹을 때마다 김치를 찾는 것을 보고 고춧가루를 넣은 라면을 개발해달라고 요청했다. 하지만 만들기만 하면 팔려나가는 제품을 보유한 회사에서는 귀를 기울이지 않았다.

이 아이디어를 만년 하위권이던 N사에서 채택해 제품으로 만들었

다. 그런데 출시되자마자 돌풍을 일으키며 시장을 장악했다. N사는 이후로 한 번도 1위 자리를 놓치지 않고 있는데 그 라면은 바로 '신라면' 이다.

이해와 이해를 모으면 사랑이 된다

주체(Ⅰ)

'나쁜 남자' 열풍이 식지 않고 있다. 안방극장에 성격은 나쁘지만, 능력이 좋은 남자들이 판을 치고 있다. 이들은 친절하지도 상대를 배려하지도 않는다. 자신이 성공하고 승리하기 위해서는 남에게 손해를 끼치는 일도 주저하지 않는다. 하지만 사람들은 나쁜 남자들에게 열광적으로 지지를 보낸다.

왜 이런 일이 생긴 것일까? 드라마에 나오는 나쁜 남자들은 자신의 의사를 분명히 밝히고 손해나는 일은 확실하게 거절한다. 그래서 경쟁에서 승리할 가능성이 높아지고 궁극적으로는 성공한 사람의 대열에 당당하게 합류하게 된다. 이들에게 끌리는 사람들은 무의식적으로 성공한 사람의 편에 서고 싶은 욕구를 느끼고 있는 것이다.

터미네이터로 유명한 아널드 슈워제네거는 무명이었던 1976년, 한 지방언론과 인터뷰를 하면서 자신의 목표는 할리우드 최고의 스타가 되는 것이라고 말했다. 기자는 풋내기 무명배우의 허황된 말을 듣고 속으로 비웃으며 스타가 되기 위해 어떤 노력을 하느냐고 물었다. 아널드 슈워제네거는 원하는 모습을 상상하며 이미 다 이룬 것처럼 살아가면 된다고 대답했다. 그는 훗날 할리우드 최고의 스타로 부와 명성을 거머쥐었고 캘리포니아 주지사에 당선되었다.

애플의 아이폰은 배터리를 교체할 수 없는 치명적인 단점이 있다. 아이폰 사용자들은 야외에서 장시간 일할 때 배터리를 교체할 수 없어서 고생하곤 한다. 하지만 애플은 디자인의 완성도를 이유로 이를 개선하지 않았고 고객들은 불편함을 감수하면서도 애플의 제품을 기꺼이 구매한다.

일본의 혼다가 미국시장에 진출하기 위해 시장조사를 했다. 미국 소비자들은 할리 데이비드슨 같은 대형 오토바이를 선호한다는 결론이 나왔다. 혼다는 이를 바탕으로 350cc의 대형 오토바이를 팔기로 하고 적극적인 마케팅을 펼쳤다. 하지만 미국 소비자들은 일본의 대형 오토바이를 신뢰하지 않았다.

혼다는 발상을 바꿔서 자신 있는 50cc 소형 오토바이를 판매하기 시작했다. '좋은 사람을 만날 때는 혼다를 타세요' 라는 슬로건과 함께 소형 오토바이는 폭발적으로 판매되기 시작했고 혼다는 미국에서 전설적인 브랜드가 되었다.

불친절한 브랜드가 승승장구하고 있다.

스위스의 유명한 시계회사 스와치는 이보다 한 단계 더 불친절한 브랜드이다. 스와치는 수리 자체가 불가능한 구조를 처음으로 선보였다. 쉽게 말하면 시계가 고장 나면 버려야 한다. 그럼에도 스와치는 급속도로 성장했다.

아널드 슈워제네거는 자신의 꿈을 말할 때 겸손을 떨지 않았다. 다른 사람이 비웃어도 신경 쓰지 않을 만큼 자신을 사랑했다. 혼다는 미국 업체들의 영업 전략을 따르지 않고 자신만의 강점을 밀어붙인 후에 미국시장에서 성공의 열매를 딸 수 있었다. 애플이나 스와치는 소비자가 요구하는 제품을 만들지 않는다. 세상 어디에도 없는 제품을 만들어서 소비자들이 자발적으로 열광하게 한다.

설득할 때 자신만의 독창적인 무언가를 지키는 것은 매우 중요한 일이다. 특히 자기 철학이나 원칙은 철저하게 고수해야 한다. 상대방의 요구에 기준 없이 끌려다니면 경찰서를 들락거리는 불상사가 생긴다. 절대 양보할 수 없는 자신만의 생각을 훼손하지 않는 범위 내에서 상대를 배려해야 한다. '설득의 신'은 자기 잘난 맛에 사는 경우는 있어도 절대 비굴해지거나 아부하지 않는 법이다.

빌 게이츠가 마흔 살에 남겼던 전설적인 자기 자랑을 소개하면 다음과 같다. 포브스 선정 세계 제일의 부자가 된 직후인 1997년에 타임지와의 인터뷰 중에 남긴 말이다.

"우주는 오직 나를 위해 존재할 수도 있다. 만약 그렇다면 내가 잘 되는 건 당연하며 나는 그것을 받아들여야 한다."

−빌 게이츠−

우리는 유치원에서 다음과 같은 것을 배웠다.

- 남이 너희에게 해주기를 바라는 그대로 너희도 남에게 해주어라.
- 상대방의 입장에서 생각해보아라.
- 자신의 주장을 하되 상대방의 감정을 다치게 하지 마라.

객체(You)

앞서 나온 이야기의 교훈은 모두 상대방에 대한 배려와 관련되어 있다. 상대방의 입장을 헤아리고 눈높이를 맞추는 것이 세상을 살아 가는 데 무엇보다 중요하기 때문에 어릴 때부터 가르치는 것이다.

설득할 때 가장 중요한 사람은 말하는 내가 아니라 듣는 남이다. 상대의 입장을 고려하고 감정을 배려하면서 조화를 만들어나가는 것이 설득이다.

독창이 아닌 합창이 답이다. 밥을 지을 때도 쌀, 물, 솥, 요리사, 불의 합창이 필요하고, 집을 지을 때도 사람, 나무, 벽돌, 못, 시멘트 등의 합창이 필요하다. 무엇 하나 혼자만의 노력으로 얻어질 수 없는 것이 세상의 이치이다.

가장 가까운 사람이 내가 망하길 가장 바란다는 말이 있다. 질투 심 때문이다. 상대가 나보다 잘되는 꼴을 못 보는 좁은 마음이 많은 일을 그르친다. 아벨과 카인은 질투심 때문에 형제간에 살인을 저지 르기도 했다. 나보다 상대를 먼저 생각하는 것이 궁극적으로 나에게 도 도움이 된다는 지혜가 있다면 일어나지 않았을 비극이다.

2+2=4

5-3=2

설득할 때 질투가 나거나 상대가 미워질 때가 있을 것이다. 그럴 때는 위의 숫자를 떠올리면서 마음을 다스리기 바란다. 2+2=4는 '이해와 이해를 모으면 사랑이 된다' 는 뜻이다. 상대를 이해하려는 노력을 거듭하다 보면 결국, 그 사람을 진심으로 따뜻하게 대할 수 있게 되기 때문이다. 5-3=2는 '어떤 오해도 세 번 생각하면 이해할 수 있다' 는 의미이다. 사소한 오해로 설득에 실패하고 인간관계 자체를 망쳐버리는 일이 흔하다. 친한 동창에게 자동차를 판매하려다가 차는 물론이고 친구까지 잃는 경우가 생긴다. 적어도 세 번은 생각해서 오해를 풀어야 한다.

그리고 상대에게 관심을 가져야 한다. 할미꽃도 태양 빛이 필요한 법인데 하물며 사람에게 관심은 더더욱 필수적인 요소이다. 자신의 목적을 달성하기 위해 설득에 임하지 말고 상대방에게 진심으로 관심을 가져보라. 그러면 미처 보지 못했던 핵심적인 요소들이 보일 것이다. 여성의 입장에서 여성을 위한 제품을 만들어 성공한 '한경희 생활과학' 이나 여성의 주체성과 적극성을 강조해 공감을 얻어낸 오프라 윈프리는 대표적인 사례들이다.

중요한 점은 상대방이 수동적으로 결정을 받아들인 것처럼 느끼지 않고 능동적으로 결정하였다고 생각하게 하는 것이다. 그래야 본인의 주도적 선택에 대해 적극적인 추진력을 발휘하고 책임감을 가지게 된다.

이를 위해서 설득자가 가질 수 있는 강력한 무기 하나를 소개하겠다. 상대방에게 하나가 아닌 다양한 선택지를 주고 스스로 고르게 만드는 것이다. 하나의 선택지를 주고 고르라고 하면 YES나 NO로 답하는 것이 보통이다. 특히 NO가 나올 가능성이 높다. 하지만 1번부터 4번까지 선택지를 주고 고르라고 하면 네 가지 중 하나를 고를 가능성이 높다. 선택지에 NO는 없기 때문이다.

긍정의 힘으로,
때로는 거절도 단호하게

긍정(Yes)

〈시크릿〉이라는 책이 세계적으로 선풍적인 인기를 끌었다. 핵심 내용은 '끌어당김의 법칙'이다. 즉 자신이 상상하는 대로 주변 상황이 끌려온다는 것이다. 이는 긍정에 관한 멋진 통찰이다. 긍정적으로 생각하는 사람이 성공할 확률이 높은 이유를 설명할 수 있기 때문이다. 희망을 품고 설득하는 사람과 그렇지 않은 사람의 설득 성공률은 현저하게 차이 나기 마련이다.

두 형제가 술주정뱅이 아버지와 단칸방에 살았다. 아버지는 날마다 술에 취해 자식들을 괴롭혔다. 이런 상황에서 장남은 공부에 열중해 큰 성공을 거두었지만, 동생은 아버지의 삶을 그대로 답습했다. 동생은 나쁜 가정환경 때문이라며 자신의 실패를 아버지 탓으로 돌렸다. 그런데 놀랍게도 형 역시 자신의 성공 요인을 아버지 덕이라 말했다. 어려운 가정환경이 필사적으로 노력하는 자극제가 되었기 때문이었다.

1997년, 금융위기로 많은 기업들이 부도가 날 때 목재업을 하던 박 사장 역시 큰 타격을 받았다. 주변에는 사양산업인 목재업에서 손을 떼는 사람이 많았다. 하지만 그는 이런 흐름을 따르지 않았다. 경쟁회사의 부도를 보면서 지금의 위기를 잘 견디면 경쟁자가 줄어든 좋은 시절이 올 것으로 판단했다. 그의 판단은 적중했다. 경기가 회복된 후 경쟁업체가 확 줄어든 상황에서 그는 더 안정적으로 사업할 수 있었다.

철강왕 앤드루 카네기는 사무실 벽에 평생 그림 하나를 걸어두었다. 모래사장에 버려진 작은 배가 있는 절망스러운 그림이었다. 그런데 그 밑에는 '반드시 밀물이 온다' 라는 글귀가 적혀 있었다. 그는 힘들 때마다 그 그림을 보며 미래를 긍정했다.

똑같은 환경에서 자라도 마음가짐에 따라서 성공과 실패가 갈린다. 겪어본 적 없는 위기 속에서도 희망의 싹과 성공의 실마리를 찾아내는 사람이 있다. '블루오션'은 새로운 사업뿐 아니라 경쟁자가 없는 곳을 뜻하기도 한다. 생각의 틀을 바꾸면 남들이 포기한 곳에서 더 큰 시장을 찾을 수도 있다. 이를 극대화한 사람이 바로 앤드루 카네기이다. 스코틀랜드 출신의 가난한 이민자가 세기의 부자가 된 비결은 그가 평생 곁에 둔 그림에서 배운 긍정적 사고였다.

아이에게 넘어지면 안 된다는 말 대신에 넘어지면 툴툴 털고 다시 일어나야 한다고 말해야 한다. 설득도 마찬가지다. 실패하면 안 된다고 생각하는 사람은 누구도 설득할 수 없다. 한 번에 성공하지 못하면 툴툴 털고 다시 시도해야 한다고 생각하는 사람이 설득의 고수다.

100명이 사업을 시작하면 1년 안에 70%가 실패하고, 2년이 지나면 83%, 3년이 지나면 93%가 실패한다. 설득도 마찬가지다. 처음에 실패하는 것이 당연하다. 패인을 분석해서 다시 부딪혀라.

실패는 누구나 할 수 있지만, 성공은 누구나 할 수 없다. 실패한 후 성공에 이를 때까지 도전하는 사람은 흔치 않기 때문이다. 다윗이 골리앗을 쓰러뜨린 비결은 남들이 골리앗은 너무 크기 때문에 이길 수 없다고 말할 때 홀로 골리앗이 너무 커서 대충 던져도 돌팔매질이 빗나갈 염려가 없다고 생각한 믿음의 힘이다. 다윗처럼 생각하며 설득에 임하자. 골리앗보다 힘든 설득 대상은 그다지 많지 않을 것이다.

거친 바다를 항해할 때는 주변이 온통 배를 침몰시킬 수 있는 바

닷물뿐이다. 하지만 오로지 배에 들어오는 물만이 배를 침몰시킬 수 있다. 주변에 부정적인 말과 생각이 가득하지만, 우리가 받아들이지 않으면 어떤 말과 생각도 우리를 침몰시킬 수 없음을 명심하자.

부정(No)

황제가 후계자를 뽑기 위해 왕국의 젊은이들을 모아 씨앗을 하나씩 나눠주고 1년 후에 가장 훌륭하게 씨앗을 키운 사람을 후계자로 임명하겠다고 발표했다. 1년 뒤 젊은이들은 각자 화려한 식물들을 가지고 찾아왔지만, 황제가 후계자로 지목한 사람은 아무리 노력해도 싹을 틔우지 못해 빈 화분만 가져온 젊은이였다. 황제는 끓는 물에 삶아서 싹이 자랄 수 없는 씨앗을 나눠준 후 반응을 살핀 것이다. 오직 한 명만이 정직하게 빈 화분을 가져왔기 때문에 황제는 그를 후계자로 임명했다.

유혹을 단호히 거부하는 것은 대단히 어려운 일이다. 조금만 비겁하면 세상살이가 편해지는 경우가 너무나 많기 때문이다. 하지만 그럼에도 옳지 않은 일은 칼같이 거부해야 한다. 한 번의 실수로 지금까지 쌓아온 것을 모두 잃을 수 있기 때문이다.

핵심은 절제다. 절제는 파괴적인 생각, 행동으로부터 자신을 온전

히 지켜내는 힘이다. 박지성, 유재석, 김연아의 공통점 두 가지를 아는가? 첫 번째는 자기 분야에서 크게 성공한 일인자들이라는 점이고 두 번째는 '자기절제의 달인' 이라는 점이다. 술장사에서 성공하려면 술을 멀리해야 하는 법이다. 술에 취해있는 술집 사장은 사업을 잘 관리할 수 없다.

사치를 멀리하는 것도 절제의 미덕이다. 아무리 많이 벌어도 많이 쓰면 거지다. 현재의 수입으로는 부족해서 미래의 수입까지 미리 당겨서 써버리는 사람들은 페이스북의 창업자이자 억만장자인 마크 주커버그가 전설적인 짠돌이로 명성을 날리고 있음을 기억하기 바란다.

설득할 때 과장해서 부풀려 말하거나 없는 것을 있는 것처럼 말하고 싶은 욕구가 드는 경우가 생길 것이다. 조금만 더 하면 상대가 넘어올 것 같은 결정적 순간에 악마가 찾아와 손을 내민다. 하지만 그 손은 절대 잡지 않길 바란다. 그렇게 설득에 성공하는 것은 사기이기 때문이다. 몇 번을 성공했다 하더라도 한 번 들통 나는 것으로 사회적 생명이 끝나는 수가 있다.

1. 과거를 보되 진사 이상은 하지 마라
2. 재산은 만 석 이상 지니지 마라
3. 과객을 후하게 대접하라
4. 흉년기에는 땅을 사지 마라
5. 며느리들은 시집온 후 3년 동안 무명옷을 입어라
6. 사방 백 리 안에 굶어 죽는 사람이 없게 하라

 우리나라의 대표적 부자인 경주 최 부자 집은 10대, 300년에 걸쳐서 만석꾼의 지위를 유지했다. 만석꾼은 300만 평의 논밭을 가진 엄청난 부자를 말한다. 그런데 최 부자 집에 내려오는 가훈 중 네 가지가 절제와 관련되어 있다. 첫 번째는 권력욕을, 두 번째와 네 번째는 소유욕을, 다섯 번째는 소비욕을 경계하는 내용이다.

호랑이가 굶어 죽어도 풀잎을 안 먹듯이 아무리 빨리 오래 달려도 방향을 잘못 잡았다면 목표지점에는 영원히 도달하지 못한다.

특히 잘나가는 사업체가 지속하는 경우가 별로 없다. 생각지도 않은 큰돈이 들어오면 구성원들이 각자 돈 쓸 생각에 정신이 없어지는데 이런 상황은 위기보다 더 위험하다.

또한, 부정적 사고에 감춰진 건설적인 순기능을 활용해야 한다.

반대 의견을 제시하는 사람을 옆에 두는 경영자가 성공하는 법이다. 내가 하는 일에 항상 따르는 사람은 문제를 해결해주지 못한다. 반대의견을 분명히 말해주는 사람이 나와 사업을 지켜주는 법이다.

 예기치 못한 돌발상황을 극복하는 힘은 막연한 낙관이 아니라 평소 빈틈없이 대비하는 데 나온다.

되로 주고 말로 받다,
양쪽 모두 윈윈 게임

주고받기(Give&Take)

많은 부자들은 상대를 도우면 그들도 보답한다고 말한다. 설령 내가 직접 도운 사람이 아니어도 그만큼의 도움이 반드시 온다는 것이다. 부자가 되려면 주변 사람을 먼저 부자로 만들어야 한다. 언제 어디서 어떻게 뿌린 씨앗이 어떤 열매를 가져다줄지 아무도 모르기 때문이다.

이 이야기의 핵심은 바로 내가 받고 싶으면 먼저 주어야 한다는 것
이다. 내가 남에게 음식을 먹여줘야 나도 먹을 수 있다. 이익을 얻고
싶다면 내가 상대에게 줄 수 있는 이익을 찾아내야 한다.

처칠이 어렸을 때 수영하다 쥐가 나 위험에 처한 것을 플레밍이 구
해준 일이 있는데 이를 계기로 처칠의 아버지는 가난한 플레밍의 학비
를 지원했다. 플레밍은 훗날 페니실린을 발견했고 폐렴에 걸린 처칠은
다시 목숨을 지킬 수 있었다.

설득 역시 마찬가지이다. 자산관리사가 가질 수 있는 최강의 무기
는 고객의 자산을 늘려준 실적이지 화려한 언변이 아니다. 풀무원이
주부들의 마음을 사로잡으며 성장할 수 있었던 원동력은 비위생적인
환경에서 콩나물을 재배하며 생산비를 절약했기 때문이 아니라 신뢰

할 수 있는 콩나물을 생산하기 위해 끊임없이 노력했기 때문이다.

하지만 많은 사람들은 받기 전에 먼저 주라는 말을 듣고도 망설이게 된다. 자신은 선한 마음으로 상대의 이익을 위해 노력했는데 대부분이 자신의 신뢰에 보답하지 않았던 아픈 기억을 가지고 있기 때문이다. 차가운 세상에서 배신의 아픔을 맛보고 나면 먼저 베풀기 전에 내가 받을 것부터 확실히 챙기고 싶은 마음이 생기기 마련이다.

이럴 때는 파레토 최적을 이용해 생각을 정리해보면 현명한 답을 찾을 수 있다. 파레토 최적은 이탈리아 경제학자 빌프레도 파레토가 발견한 2:8 법칙을 말한다. 상위 20%의 부자가 그들이 속한 사회의 부 80%를 소유한다는 내용이다.

이 법칙은 주고 나서 받는 방식의 설득에도 고스란히 적용된다. 내가 10명에게 주면 그중 8명은 내게 돌려주지 않는다. 이때 배신감에 몸을 부들부들 떨면서 마음의 문을 닫으면 안 된다. 나머지 2명은 나를 성공의 길로 안내하는 도우미가 되어줄 것이기 때문이다. 그 2명이 핵심적인 정보를 주거나 중요한 인사를 소개해주거나 큰 계약을 체결해줄 것이다. 이런 일이 반복되면서 꿈을 이루게 된다. 그 2명이 8명분의 도움을 줄 것이기 때문에 내가 한 노력은 절대 헛되지 않은 것이다.

성공하는 사람들을 연구해보면 공통적인 특징이 나타나는데 바로 받은 보수 이상으로 일하는 자세이다. 그들은 자신에게 월급을 주는 고용주들을 더 큰 부자로 만들어주려는 마음을 가지고 있다. 이런 마음은 고용주들에게 전해져 더 높은 연봉을 받는 고위직으로 이끌어준다.

중국인은 해외 진출에 성공한 대표적인 민족이다. 차이나타운이 없는 나라를 찾기 어려운 점만 보아도 그들의 뛰어난 해외 적응력을 알 수 있다. 중국인이 해외에서 성공하게 된 원동력은 바로 '먼저 주기'이다. 중국인들은 이민자가 새로 오면 서로 도와 그가 가게를 낼 수 있도록 돕는다. 도움을 받은 이민자가 성실히 일하는 것은 물론이다. 이렇게 자리를 잡은 이민자는 새로운 사람이 찾아왔을 때 발 벗고 도움을 주게 된다. 이런 식으로 세력을 이루어 차이나타운을 만들어가는 것이다.

설득하기 전에 먼저 내가 상대방에게 줄 수 있는 이익이 무엇인지를 고민해봐라. 이런 마음을 가지고 있는 것만으로도 성공할 가능성은 높아진다. 만약 상대의 귀를 솔깃하게 할 무언가를 찾아낼 수 있다면 이미 반은 성공한 셈이다.

받고 주기(Take&Give)

위에서 파레토 최적을 언급하면서 80%가 믿음을 배신해도 20%가 핵심적인 도움을 주기 때문에 먼저 주는 것이 필요하다고 역설한 바 있다.

하지만 여기에는 때와 장소에 따라 구별하는 지혜가 동반되어야 한다. 전쟁터에서 먼저 주고 나중에 받는 것은 리더가 내릴 결정이 아니다. 사기꾼이 가득한 감방에서도 마찬가지이다. 자신을 배신할 사람이 10명인 공간도 있다는 말이다.

순수한 것은 좋지만 순진한 것은 곤란하다. 순진하다는 말과 순수하다는 말을 구별할 필요가 있다. 순진은 천진난만하거나 심지어 바보스럽다는 의미이고, 순수는 다른 것이 조금도 섞이지 않은 사심 없는 상태를 말하는 것이다.

세상에는 순진한 양을 노리는 맹수로 가득하다. 순진한, 즉 바보 같은 사람은 사냥당하기 십상이다. 세상은 천진난만한 생각만으로 살아갈 수 있는 호락호락한 곳이 아니다. 자신의 꿈을 향한 순수한 마음은 강력한 힘으로 작용할 수 있지만, 세상 물정 모르는 순진한 생각은 하루라도 빨리 벗어나야 할 위험한 함정이다.

집에 불이 나면 집주인은 불을 끄기 위해 동분서주하지만 정신없는 틈을 노려 물건을 훔치는 좀도둑 역시 활개를 친다. 회사가 위기에 빠지면 자금 담당자가 딴생각을 하는 경우도 있다.

사기꾼들은 100마디 말 중에서 99마디가 진실이다. 게다가 능변이고 재미까지 있다. 하지만 마지막 1마디가 우리를 해치는 치명적인 독인 것이 문제이다. 우리가 사는 세상은 이런 사람들도 함께 살아가고 있는 곳이다.

정글 같은 현실을 인정하고 매정해지자는 말을 하는 것이 아니다. 의리를 지키고 양보를 하더라도 사람을 가려가면서 하라는 말을 하는 것이다. 무조건 베푸는 것은 종교의 영역이다. 비즈니스의 세계에서는 사람에 대한 통찰을 통해 옥석을 가리는 지혜가 필요하다. 10명에게 베풀어서 2명에게 도움을 받기보다는 10명 모두가 나를 도와줄 만한 사람을 골라서 베푸는 것이 훨씬 이익이지 않은가?

한쪽이 이익을 취하면 반드시 반대쪽이 손해를 보는 상황을 '제로섬 게임' 이라고 한다. 정치판의 선거가 여기에 해당한다. 하지만 설득은 이런 제로섬 게임이 아니라 '윈윈 게임' 이다. 양쪽이 모두 이익을 취할 수 있다는 말이다. 이것이 설득과 협상의 본질이자 핵심이다. 상대를 설득해서 나는 이익을 얻고 남에게는 손해를 입히는 것은 설득이 아니라 사기나 도둑질을 하는 것이다.

설득이나 협상에 있어 먼저 주고 나중에 받을 것이냐, 먼저 받고 나중에 줄 것이냐의 문제는 첫 제안을 누가 먼저 하는가와 관련이 있다. 가지고 있는 정보와 자료의 질과 양에 따라 결정되는데 질이 높거나 양이 많으면 먼저 제시하고 질이 낮거나 양이 적으면 상대의 제안을 기다리면 된다.

　서로의 이해가 충동할 때는 자신만의 주장만을 고집할 것이 아니라 서로 만족할 수 있는 상황을 만들어야 한다. 창조적 대안, 즉 절충안을 찾는 지혜를 먼저 발휘하는 쪽이 설득의 주도권을 가지게 될 것이다.

미끼 잘 던지는 낚시 고수와
일관된 카리스마

조건문(Conditional Sentence)

베니스의 신사 바사니오는 명문가의 딸인 포샤에게 청혼하고 싶었지만 돈이 없었다. 그래서 친구 안토니오에게 도움을 요청했다. 안토니오는 재산을 모두 무역선에 투자해 수중에 돈이 없자 샤일록에게 돈을 빌렸다. 샤일록은 3천 다카트를 빌려주면서 기일을 어기면 안토니오의 살 1파운드를 잘라가기로 계약했다. 이 돈으로 바사니오는 포샤와 결혼을 언약하지만, 안토니오의 무역선은 폭풍을 만나 침몰하고 안토니오는 돈을 갚을 수 없었다. 샤일록은 안토니오를 고소하고 살 1파운드를 잘라가겠다고 협박했다.

이에 포샤가 재판관으로 변장해 명판결을 내렸다. 계약에는 피를 준다는 말이 없으므로 피가 나게 해서는 안 되며 1파운드에서 조금이라도 많거나 적어도 안 된다고 판결한 것이다. 또한, 선량한 시민의 생명을 빼앗으려 한 죄를 물어 샤일록의 전 재산을 몰수했다.

에도시대에 전설적인 거상 미쓰이 다카토시가 살았다. 그는 일본 굴지의 재벌인 미쓰이 상사를 설립한 인물로 시대를 뛰어넘는 상술을 지니고 있었다. 에도와 교토에 '에치고야'라는 포목점을 연 미쓰이는 경쟁점포와 차별화된 독특한 마케팅으로 시장을 장악해나갔다.

물건을 창고에 숨겨두고 손님에게 하나씩 꺼내서 보여주던 기존의 방식을 과감히 버리고 모든 상품을 일목요연하게 진열하여 한 번에 쇼핑할 수 있는 시스템을 만들었다. 제품을 설명하는 전문 판매원을 고용한 것은 물론이고 정찰제 할인판매를 시행했으며, 한 필씩 판매하던 악습을 버리고 적은 양도 기꺼이 팔았다. 유능한 재단사를 고용하여 고객이 원하면 즉석에서 옷을 만들어주는 서비스도 제공했다.

샤일록은 조건문을 악용하고 포샤는 조건문을 이용했다. 두 사람 모두 계약조건의 중요성을 깨닫고 있는 인물이다. 미쓰이 다카토시는 다양한 서비스를 조건으로 제공하며 고객의 마음을 강력하게 흔들었던 300년 전 설득의 신이었다.

명문대는 입학조건이 까다로운 경우가 많다. 조건을 다양하게 붙여야 엄밀한 선택을 할 수 있기 때문이다. 보험을 계약할 때도 핵심은 내가 받을 혜택이 적혀 있는 종속절이 아니라 내가 혜택을 받을 수 있는 근거인 조건절에 있다. 보험규정에 작은 글씨로 보일 듯 말 듯 적혀있는 내용 말이다. 중요한 내용은 작은 목소리로 말하는 것처럼 중요한 내용은 조그맣게 적혀 있는데 여기에 주의해야 한다. 내일 해가 서쪽에서 뜨면 억만금을 받게 된다는 말은 무의미하기 때문이다.

조건문을 잘 작성하는 사람이 설득에 성공할 가능성이 높다. 현대자동차는 미국시장에 본격적으로 진출하면서 차를 구매하는 고객에게 10년간 무상보증 서비스를 제공한다는 파격적인 판매조건을 제시했다. 품질에 대한 강력한 믿음을 바탕으로 시작한 정책이었지만 초기에는 우려의 목소리가 컸다. 하지만 결과적으로 이 파격적인 조건은 현대차가 미국시장에 성공적으로 안착하는데 결정적인 역할을 했다.

조건문을 작성할 때는 신중해야 한다. 계약은 구두로 하는 경우에도 법적 효력을 가지기 때문이다. 한 번 조건문이 정해지면 아무리 재주를 부려도 부처님 손바닥을 벗어나지 못하는 손오공처럼 조건문 안에서 옴짝달싹 못하는 신세가 된다.

명령문(Imperative Sentence)

이 이야기에 나오는 부자는 절대적 원칙을 의심 없이 따르며 성공에 이르렀다. 명령문을 활용하는 설득은 이처럼 상대에게 절대적인 신뢰를 주어 설득의 과정을 짧게 가져가는 고난도의 기술을 말한다.

거부하기 힘든 권위를 가진 근거를 활용하는 것은 명령문을 기반으로 하는 설득의 첫걸음이다. 불교신앙을 가진 사람에게 제안할 때 불교의 가르침에 들어맞는다는 점을 강조하는 식이다. 학계 권위자의 연구 성과나 정부기관의 인증을 근거로 이용해도 좋다.

오랜 전통을 가진 원조집에 손님이 몰리는 이유를 생각해보라. 아직 음식을 먹어보지 않아 맛을 모르는 고객도 원조집으로 간다. 맛이 있어서가 아니라 권위가 있어서이다.

자신의 전공분야에서 카리스마를 가지려고 노력하라. 카리스마는 사람들이 스스로 설득 당하게 하는 개인적인 마력을 말한다. 카리스마를 가진 사람은 상대에게 충성심과 열정을 이끌어낸다. 미국의 케네디 대통령은 중간 관리자와 달리 카리스마적인 리더는 압박을 받는 상황에서 관대하다는 점을 통찰한 바 있다.

카리스마를 가진 정치지도자 중에는 경제발전을 이루어내는 경우가 많다. 국민의 마음을 하나의 목표에 집중시켜 비약적인 성과를 내는 것이다. 최근에는 러시아의 푸틴 대통령이 손으로 꼽히는 인물이다. 그는 절대적인 권력을 활용해서 유럽의 후진국 러시아에 과거의 영광을 재현한 것으로 평가받는다.

카리스마를 가진 사람의 특징

- 자신이 하는 일에 전심전력을 다 한다.
- 한 가지 이상의 분야에서 뛰어난 실력을 지니고 있다.
- 말보다 실적으로 보여준다.
- 실수에서 배우려고 노력한다.
- 위기를 맞아도 승자처럼 행동한다.
- 거대한 꿈을 꾸며 불가능한 일에 도전한다.
- 목표를 정하고 강력하게 추진한다.
- 준비과정에 완벽을 기한다.
- 자신을 신비롭게 만들려고 노력한다.
- 유머 감각이 풍부하다.
- 강인한 성격을 가졌다.

독창적인 아이디어를 개발해 꾸준히 밀어붙이는 방법도 있다. 처음에는 받아들이는 사람이 생소하게 느끼겠지만, 아이디어의 가치를 믿고 설명하는 과정을 생략한 채 강행하는 것이다. 이익이 된다는 판단이 서면 상대는 스스로 설득당할 가능성이 높기 때문이다. 독일 최고의 갑부인 국민 할인마트 알디의 사례를 살펴보자.

알디는 철저한 비용절감 정책을 사용한다. 점포는 가능한 한 작게 만들고 직원도 최소 인원만 뽑는다. 광고는 물론 하지 않는다. 매장에는 아무런 장식이 없고 물건은 배달 온 상자 그대로 진열한다. 종이봉투도 사용하지 않는다.

판매하는 물건의 98%를 자체 상표로 구성하는 것은 알디의 가장 독특한 판매 전략이다. 코카콜라 대신 알디 콜라를 판매하고 세계적인 식품회사 네슬레에도 알디의 자체 상표를 부착한 제품을 납품받는다. 알디는 이 방식으로 관리비용을 대폭 낮췄다. 이마트가 5만 가지 상품을 판매하는 반면 알디는 1,000여 가지만 판매한다.

알디는 다른 대형마트보다 15~30% 저렴한 가격 경쟁력을 유지하고 있다.

차가운 머리로 생각하고
뜨거운 가슴으로 느껴라

이성(Reason)

인간 뇌의 무게는 1.3~1.4kg에 불과하다. 하지만 이는 거대한 몸집을 가진 공룡보다 커다란 크기이고, 그 능력은 우주와 비견될 정도여서 사람들은 뇌를 '소우주'라고 부른다. 현대의 첨단과학으로도 뇌의 기능 중 극히 일부만 밝혀졌을 뿐이다.

다른 사람에게 특정사안을 일목요연하게 설명하는 것은 꽤 머리 아픈 일이다. 그런데 설득은 설명보다도 훨씬 어려운 지적 활동이다. 설명은 지식과 정보의 단순전달을 목적으로 하지만 설득은 지식과 정

 설명이 있는 길을 따라가지만, 설득은 없는 길도 만들어가야 한다. 설명의 과정은 화자에서 청중으로 가는 단방향이지만, 설득은 화자가 청중과 소통해야 하는 쌍방향이라는 점도 설득을 어렵게 만든다.

즉 나의 주장에 상대가 동의하게 하는 것은 최고의 지적 능력을 필요로 한다. 그래서 뇌를 적극적으로 활용하는 이성적 판단력이 뒷받침되지 않으면 설득에 성공할 가능성은 낮아진다.

사람은 감정적인 동물이고 누구나 위기에 처하면 약한 생각을 하기 마련이다. 두려움을 느끼면 현실을 직시하는 대신 회피할 생각을 하는 것은 본능이다. 이럴 때 필요한 것은 이성에 기반을 둔 냉철한 판단이다.

설득에 임하면서 가장 먼저 기억해야 하는 이성적 판단은 섣불리 포기하면 안 된다는 점이다. 조금만 불리하거나 자존심이 상하면 바로 도전을 멈추는 것은 현명한 판단을 내리는 것이 아니라 겁먹고 도망가는 것임을 명심해야 한다.

고3이 되면 많은 학생들이 고1 때부터 열심히 했어야 한다며 후회하면서 시간을 다 보내버린다. 졸업식 때는 고3 때부터라도 했어야 한다며 또 후회하는 것이 패배자의 전형적인 패턴이다.

하지만 도저히 불가능한 상황은 생각처럼 많지 않다. 판단의 근거가 객관적이라기보다는 심리적이기 때문이다. 많은 이들이 평생 늦었다고 푸념만 하면서 도전에 나서지는 않는다. 실상은 현실적으로 너

무 늦은 것이 아니라 너무 늦었다는 패배의식이 존재할 뿐이다. KFC
의 창업자 코넬 샌더슨은 65세에 도전해서 눈부신 성공을 거두었다.
늦었다고 생각하는 순간이 남아있는 시간 중 가장 젊고 빠른 때이다.

　　이성을 활용할 때 단순함의 위대함을 활용하길 바란다. 가장 단순
한 것이 가장 아름답다는 디자인 이론 ‘미니멀리즘’도 있고, 결론이
같다면 더욱 간결한 과정을 가진 쪽이 해답이라는 ‘오컴의 면도날’
같은 과학 이론도 있다.

　　먼저 설득할 대상에 대한 복잡하고 다양한 정보와 자료를 간단하
게 분류해서 정리한 후에 가장 핵심적인 내용에 집중해서 설득의 전략
을 짜야 한다. 비틀스가 위대한 이유는 사용한 코드가 극히 단순하
기 때문이다. 〈분노의 포도〉는 초등학생들이 사용하는 수준의 어휘로
작성되었지만 세기의 고전으로 남아있다.

　　너무 쉬운 과정을 경계해야 한다. 최고의 세일즈맨인 지그 지글러
가 오래전에 통찰한 것처럼 공짜 치즈는 오로지 쥐덫 안에만 존재하
는 법이다. 이해하기 힘들 정도로 쉽게 설득에 넘어오는 상대에게는
노림수가 있을 가능성이 높다.

　　특별한 요구사항도 없이 5톤 트럭 10대를 평범한 세일즈맨에게 주
문하는 회사가 있다면 정신 바짝 차리기 바란다. 첫 달 할부금만 내
고 종적을 감출지도 모른다. 5톤 트럭 10대는 이미 분해되어 해외로

옮겨지고 있을 것이다.

분쟁의 소지가 있는 부분은 미리 명확하게 따져놓아야 한다. 그렇지 않으면 고객을 법정에서 만나는 경우가 생긴다. 한국인은 인간관계를 맺을 때 이해가 걸린 부분을 애매하게 설정하는 경향이 있다. 한국의 자랑인 비빔밥을 만들 때는 재료가 섞여도 상관없지만, 계약이나 거래를 할 때는 명문화된 개념을 분명히 정리해서 어떤 것도 비벼질 가능성을 없애야 한다.

감성(Emotion)

사람의 행동을 지배하는 것은 이성보다 감성일 때가 많다. 사랑에 빠지면 곰보 자국도 보조개로 보이는데 격한 감정이 이성을 마비시킨 탓이다. 여자는 달을 따다 주겠다는 거짓말을 믿는 것이 아니라 실현 불가능하지만 달을 따다 주고 싶을 정도로 자신을 사랑하는 마음의 크기를 좋아하는 것이다. 머리로 따지는 물리적인 거리보다 잴 수 없는 마음의 거리가 더 먼 법이다.

이런 감정의 변화를 건설적으로 조절하면 설득은 물론이고 삶을 성공적으로 경영하는데 결정적인 도움이 된다.

꿈을 꾸는 뇌는 평소에는 불가능했던 능력을 발휘한다. 설득한 후의 모습을 영상으로 그릴 정도로 간절히 원하는 사람이 일을 만들어낸다. 우리가 오늘 누리는 모든 것이 과거 누군가의 상상이었다. 구체적으로 상상한 것은 현실화될 가능성이 높아진다.

심리학에서는 이를 상상한 것이 거짓말처럼 현실이 되는 '피그말리온 효과' 로 설명한다. 그리스 신화에 나오는 조각가 피그말리온은 아름다운 여인상을 조각하고 마치 살아있는 사람처럼 사랑하게 된다. 여신 아프로디테는 그의 사랑에 감동하여 여인상에 생명을 불어넣었다. 이처럼 믿고, 믿고, 또 믿으면 현실이 되는 것이 '피그말리온 효과' 이다.

콜럼버스는 충분히 승산이 있다고 판단해서 항해에 나선 것이 아니다. 그가 승산을 따졌다면 콜럼버스는 아직 스페인의 항구에 머물고 있을 것이다. 철저히 계산했다면 인류는 아직 에베레스트 산을 정복하지 못했어야 한다. 죽을 가능성이 있기 때문이다.

홍해는 간절히 원하는 사람 앞에서 열렸다. 소풍 당일보다 소풍 전날이 더 설레며 직장인들은 일요일보다 금요일을 더 좋아한다. 꿈을 꿀 수 있기 때문이다. 미래의 즐거운 일을 상상하는 것은 힘을 충전하는 에너지원이다.

칼은 칼집에 있을 때 가장 무섭다. 막상 뽑아보면 별 거 아닌 경우가 많다. 가장 무서운 감옥은 자신이 아무것도 할 수 없는 사람이라고 믿는 생각의 감옥이다. 비슷한 작전을 놓고 고민할 때는 더 과감한 작전을 골라야 한다. 걱정만 하는 마음으로 돌파할 수 있는 난관은 그다지 많지 않다.

두려움, 걱정, 미움 같은 감정을 밀어내고 그 자리에 간절한 소망, 자신감, 사랑 같은 감정을 채워 넣어라. 설득해야 할 상대도 당신의 꿈과 배포와 멋진 모습을 기억할 것이다. 그리고 이런 감정들로 마음을 채운 사람은 쉽게 지치지도 않는다. 내가 즐거워하는 길은 남의 박수 없이도 갈 수 있기 때문이다.

철저하게 계산하고
꼼꼼하게 준비하자

이론(Theory)

〈손자병법 군형 편〉에 '승리하는 군대는 이긴 후 전쟁에 나서고 지는 군대는 싸우고 승리를 구한다' 라는 말이 있다. 해보기 전에는 누구도 알 수 없는 것이 전쟁이지만 시작 전에 승패를 결정할 정도로 철저히 계산하고 준비하라는 말이다. 무기와 식량이 부실한 상태로 출전하는 경우에는 패전하는 사례가 많다. 분노, 조급함과 대충해도 너쯤은 이길 수 있다는 오만함이 출전을 재촉한다. 막연한 기대감은 결국 허무한 패배로 이어진다.

설득의 길도 마찬가지이다. 준비하지 않고 길을 떠나지만, 전장에는 준비된 자들이 가득하다. 백전백패다. 물론 저지른 후에 시행착오를 거치면 이길 수도 있다. 하지만 그만큼 많은 대가를 지급해야 한다. 백만장자가 되는 것이 어려운 것이 아니라 백만장자의 비법을 아는 것이 어려운 것이다.

목표를 정했으면 달성할 수 있는 구체적인 전략을 세워야 한다. 철저하게 준비한 사람만이 실전에서 확신을 가지고 임할 수 있다. 최고의 나무꾼은 10분의 시간이 주어지면 2분간은 도끼를 가는 법이다. 정확한 이론에 바탕을 둔 정교한 전략은 노력을 반으로 줄여준다.

실전에 들어가야만 얻을 수 있는 해답이 있다. 하지만 그전에 시뮬레이션을 통해 정답을 알고 있다면 실전에서 궁극적인 성공을 거두기가 훨씬 수월해질 것이다.

굳게 닫힌 마음을 여는 귀중한 설득 이론 하나를 알려주겠다. 바로 기승전결의 이야기 구조를 활용하는 방법이다. 새로 만들어지는 수학 교과서는 이야기로 서술되어 있다. 학생들이 가장 이해하기 힘들어하는 학문인 수학을 가르치기 위해 고심하던 교육 전문가들이 내린 최후의 처방이 바로 이야기를 활용하는 방법이다.

설득 역시 마찬가지이다. 신차의 성능에 대해 공과대학 중간고사 답안지 작성하듯 줄줄 늘어놓는 것보다 이 차를 타보고 만족했던 고객의 사례를 재미있게 소개하는 것이 훨씬 효율적이다. 그리고 두 가지 방법을 병행할 수 있다면 당연히 금상첨화일 것이다.

설득이론 두 가지를 추가로 소개하니 참고하기 바란다.

아리스토텔레스는 설득에 이토스(Ethos), 파토스(Pathos), 로고스(Logos)라는 세 가지 요소가 필요하다고 주장했다. 이토스는 호감, 믿음, 명성 등 설득하는 사람의 인격적인 측면으로, 설득과정에 60% 정도 영향을 미친다. 파토스는 공감, 경청, 반응 등 웃음, 슬픔, 공포의 감정을 자극해 마음을 움직이는 감정적 측면으로, 설득과정에 30% 정도 영향을 미친다. 로고스는 논리적인 근거와 구체적 자료 등 상대방의 판단을 결정하는 논리적 측면으로 설득과정에 10퍼센트 정도 영향을 미친다. 설득과정은 이토스-〉파토스-〉로고스-〉이토스의 단계를 거친다.

성공하는 대화를 위한 일곱 가지 조건

- 완성도 : 필요한 정보는 빠짐없이 들어있어야 한다.
- 예 의 : 격식에 어긋나는 일이 없게 표현해야 한다.
- 배 려 : 듣는 사람의 상황을 고려해야 한다.
- 명확성 : 쉽고 확실하게 이해할 수 있는 표현을 사용해야 한다.
- 간결성 : 간단하고 군더더기 없이 표현해야 한다.
- 구체성 : 추측의 여지 없이 자세하게 표현해야 한다.
- 정확성 : 숫자, 날짜, 참고사항은 꼼꼼하게 정리해야 한다.

실행(Practice)

설득할 때 가장 두려운 순간은 바로 시작할 때이다. 차갑게 거절하고 일어서는 상대방의 모습을 상상하면 입이 떨어지지 않는다. 하지만 '구슬이 서 말이어도 꿰어야 보배' 이듯 일단 시작해야 상대의 마음을 열 수 있다.

라이트 형제는 정규교육을 받지 못한 평범한 기술자였다. 그들보다 더 많이 배운 전문가는 많았다. 하지만 그들 중 누구도 감히 하늘을 날기 위한 도전을 감행하지는 못했다. 추락해서 죽을 수도 있기 때문이다. 하지만 라이트 형제는 용기를 냈고 마침내 인류 역사상 처음으로 59초 동안 260미터를 나는 데 성공했다.

영국의 의사 제임스 심프슨은 마취제를 개발했지만, 사람에게 실험을 할 수 없어 10년 가까이 사용하지 못 했다. 임상실험을 통해 효능만 입증되면 환자들이 고문당하듯 수술받을 필요가 없었다. 결국 그는 죽을 각오로 자신에게 임상실험을 실시했고 자기 발명품의 효능을 입증했다. 오늘날까지도 널리 사용되는 클로로폼이 탄생하는 순간이었다.

'본죽'의 김철호 사장은 1997년, 부도로 전 재산을 날린 뒤 생계유지를 위해 장사를 시작했다. 그는 양복을 입고 호떡을 판매하는 독특한 마케팅 방식으로 종잣돈을 마련해 대학로에 죽 가게를 내 크게 성공했다.

감이 먹고 싶으면 감나무에 올라가야 한다. 위대한 바이킹을 만드는 것은 거친 바람이다. 라이트 형제는 도전을 멈추지 않았기 때문에 하늘을 날 수 있다는 그들의 믿음을 인류에게 설득하는 데 성공했다. 제임스 심프슨이 자신에게 약을 투여하는 결단을 내리고 행동에 옮기지 않았다면 아직도 수술실에서 비명이 새어나올지 모를 일이다.

설득의 과정에서 만나게 되는 어려움을 당연히 통과해야 할 과정이라고 생각해야 한다. 성공한 모든 사람들이 그러했듯이 설득의 명수들 역시 부딪히는 난관을 행동으로 극복해낸 사람들이다.

실제로 부자들은 전반적으로 근면한 특징을 가지는데 이는 새벽 시간 아파트 주차장을 살펴보면 쉽게 알 수 있다. 가장 비싼 차가 가장 먼저 주차장을 빠져나간다. 큰 부자가 제일 먼저 일터로 나가기 때문이다.

열정적으로 움직이면 근육이 이완되고 노르에피네프린과 엔도르핀이 분비된다. 이 분비 물질들은 감정을 고양하고 불안감을 감소시킨다. 또한 우리 몸은 고통이 생기면 이를 극복하는 물질을 분비한다. 심지어 마약 성분이 나오기도 하는데 이를 '러너스 하이(Runner's High)' 라고 한다. 마라톤 선수들이 장거리를 달리다 환각상태와 같은 상황을 겪는 현상을 말하는데, 몸이 고통을 없애기 위해 특정물질을 분비하기 때문이다.

애플컴퓨터의 창시자 스티브 잡스는 자신이 세운 회사에서 쫓겨나는 수모를 당했다. 하지만 그는 이후 여러 번 실패를 거듭하면서도 도전을 멈추지 않았고 픽사를 통해 재기에 성공했다. 그는 마침내 세상을 바꿨다.

중국 한나라를 세운 유방은 청년 시절 천하를 제패하겠다는 원대한 꿈을 가지고 있었다. 하지만 점쟁이는 손금을 보고 천운을 타고나지 못했다며 그의 꿈을 비웃었다. 유방이 천운의 손금이 어떻게 생겼는지 묻자 점쟁이는 유방의 손바닥에 줄을 그어 보여주었다. 유방은 즉시 칼을 꺼내 줄을 따라서 자신의 손을 베었다. 손에서 피가 철철 흘러내렸지만, 유방은 아랑곳하지 않고 '이제 천하는 내 것이다' 라고 외쳤다. 그리고 훗날 천하는 그의 것이 되었다.

현대사회의 승부는 크기가 아닌 빠르기에서 나온다. 거대한 기업도 시대 조류를 읽지 못하거나 빠르게 대처하지 못하면 언제든 쇠락할 수 있다. IBM이 쇠락하고 MS가 부상하는 과정, 야후가 쇠락하고 구글이 융성하는 과정은 이를 잘 보여준다.

위대한 사람은 의지가 있고 약한 사람은 소원만 있는 법이다. 설득의 달인은 담쟁이넝쿨을 닮았다. 담쟁이넝쿨은 절벽타기의 선수이다. 하루에 조금씩밖에 올라가지 않지만, 실수는 없다. 멋진 사진을 찍으려면 먼저 사진기의 뚜껑을 열어야 한다. 설득하고 싶다면 일단 시작해야 한다.

한국인 & 세계인의 성공학

애플은 있는 시장은 장악하고, 없는 시장은 만들어내는 마법사이다.
스마트폰이라는 미지의 영역을 개척하고 언제나 시대의 변화를 선도하며
세상에 자신을 맞추기보다는 자신이 원하는 세상으로 변화시키고 있다.

persuasion
説得
convicción
Überredung
убеждение
persuasion

경제: 변화와 원칙 사이에서
흥과 재미를 발견하다

[1915.11.25 ~ 2001.03.21]

범현대그룹의 창업주. 쌀가게를 인수하면서 사업을 시작해 자동차, 건설, 조선 등의 사업 영역에서 선구자적 역할을 수행하며 한국경제의 기초를 다졌다. 서울 올림픽 개최에 지대한 역할을 수행했고, 통일소 501마리를 몰고 방북해 금강산관광을 성사시켰다.

정주영은 초등학교 졸업이 학력의 전부여서 학연을 기대할 수 없는 처지였다. 게다가 고향이 북한 땅에 있어서 남한에서 사업하며 지연에 기댈 입장도 아니었다. 가난한 집안에 의지할 만한 인물 하나 없어서 혈연도 초라했다. 하지만 정주영은 각종 연(緣)이 지배하는 한국사회에서 역으로 이를 배제한 실무능력 중심의 인재기용으로 압도적인 성장을 거듭했다.

정주영은 다음날 벌어질 일들이 흥분되어서 늦잠을 자지 못할 정도로 흥(興)이 습관처럼 배어있는 리더였다. 흥겹게 일하는 분위기는 그가 창업한 그룹 전체에 전이되어서 경쟁사들이 감히 흉내 낼 수 없는 신명 나는 속도전의 명수 '현대'를 만들었다.

정주영이 가장 싫어하는 말은 '고정관념'이었다. 변화에 적응하지 못하는 굳은 생각이 사람을 바보로 만든다고 생각했다. 자동차 수리업체를 경영할 때는 경쟁업체보다 빠른 수리기간을 앞세워서 장안의 모든 차들이 몰려들게 했다. 석유파동으로 국가부도 위기에 몰렸을 때는 과감하게 미지의 땅인 중동으로 나가 초

대형 공사들을 따냈다. 선주가 주문해놓고 찾아가지 않은 상선을 재고로 생각하지 않고 해운업 진출의 교두보로 인식하는 변화무쌍한 발상은 그의 가장 큰 성공비결이었다.

카멜레온은 저리 가라, 변신의 귀재 · 이병철 ·

[1910.02.12 ~ 1987.11.19]

자본금 3만 원으로 삼성 그룹의 모체인 삼성상회를 만든 이후 무역업과 제조업에서 크게 성공했고, 한국경제인협회 초대회장에 선출되었다. 삼성전자를 만들어 그룹의 기반을 튼튼히 하면서 중화학공업에도 진출하였다. 다양한 사업을 통해 경제발전에 폭넓게 공헌했다.

이병철의 가장 탁월한 능력은 시대와 조화를 이루며 끝없이 변신하는 능력이었다. 먹고살기 힘든 한국전쟁 전후에는 식량 사업을 비롯한 의식주 사업으로 거부 소리를 들었다. 첨단사업이 일어날 조짐을 보이자 반도체 수요를 예측해 삼성 반도체 설립을 강행함으로써 오늘날 삼성 그룹의 기초를 다졌다. 국민소득 증대에 따른 레저 수요를 흡수하기 위해 에버랜드의 전신인 용인자연농원을 수년간의 노력 끝에 개장한 것도 그의 결정이었다.

　　　　이병철이 이건희에게 경영권을 물려주면서 '경청' 이라는 휘호를 써준 일화는 유명하다. 여러 사람의 이야기를 들으면서 해답을 찾는 것이 이병철의 가장 중요한 문제 해결 비법이었다. 삼성 그룹은 유난히 정보나 자료에 집착하는 기업 문화를 가지고 있다. 이 또한 창업주 시절부터 내려오는 듣기 DNA의 일환이다. 정보나 자료는 모두 누군가가 공들여 남긴 이야기이기 때문이다.

　　　　이병철의 롤 모델이자 라이벌은 일본의 일등 기업들이었다. 그는 일본에서 유학한 경험을 살려 일본의 선진 기업들과 삼성을 끝없이 비교하며 자신과 조직을 채찍질했다. 삼성 그룹의 광고에는 유난히 비교하는 광고가 많은데 이는 비교하길 좋아하는 한국인의 심리를 꿰뚫고 있었던 이병철의 영향이 크다. 삼성 특유의 일등주의나 '삼성이 만들면 다릅니다' 같은 카피 안에 이런 비교 심리를 이용하려는 꾀가 담겨있다.

정도를 지키는 원칙과 신뢰의 상징 · 워런 버핏 ·

[1930.08.30 ~]

100달러로 주식투자를 시작해 한때 미국 최고 갑부의 위치까지 올라간 전설적인 투자가이다. 기업이 내재하고 있는 가치만을 따져 투자종목을 선정하는 평범한 투자전략으로 승부한다. 숨은 우량주를 발굴해 오랫동안 보유하는 것으로 유명하다.

충(忠)

　　워런 버핏은 자신이 잘 모르는 분야에는 투자하지 않는다. 그가 빠르게 변화하는 정보기술 분야에서 두각을 나타내지 못하는 것은 이 때문이다.

하지만 그에게는 원칙이라는 무기가 있다. 워런 버핏은 철저하게 기업이 가진 내재적 가치와 자신이 좋아하는 상품을 생산하는 회사에 투자하는 원칙을 지킨다. 그는 최고의 수익률을 기록하지 못하지만 마이너스 성장을 하지도 않는다. 그가 최고의 투자가로 추앙받는 건 원칙에 따라 투자하고 회사가 성장하기를 흔들림 없이 기다리기 때문이다.

버크셔 해서웨이의 주주총회는 일종의 축제처럼 진행된다. 회사를 진심으로 아끼고 사랑하는 주주들이 모여서 워런 버핏 회장에게 직접 회사에 관해 궁금했던 것을 물어본다. 질문이 몇 시간 동안 이어지건 상관없이 대부분의 질문에 워런 버핏이 직접 대답한다. 이런 주주총회 및 회사 운영방식 때문에 버크셔 해서웨이의 주주들 가운데는 유난히 주식을 장기간 보유하는 경우가 많다.

뛰어난 품질에 재미가 더해진 패션 브랜드

· 유니클로 ·

[1974 ~]

일본의 저가 패션 브랜드. 자라, H&M과 함께 세계 3대 패스트 패션으로 꼽힌다. 최근 명품 브랜드 매장이 즐비한 긴자 거리에 대형 매장을 오픈하면서 상품의 고급화와 세계화에 박차를 가하고 있다. 영국, 프랑스, 미국, 중국에도 지사를 가진 글로벌 기업으로 성장하였다.

일본과 미국의 유명 만화 캐릭터를 인쇄한 티셔츠는 전 세계 젊은이들의 흥미를 끌기에 충분했다. 값이 저렴하다고 해서 어디에나 있는 옷을 팔지는 않는다. '유니클로' 라는 이름의 앞부분은 '독특하다' 는 의미의 '유니크' 에서 따왔다. 뛰어난 품질 위에 재미가 더해진 브랜드이기 때문에 진출하는 나라마다 성공을 거두고 있다.

유니클로 매장에서는 점원들이 고객에게 상품을 권하지 않는다. 고객이 부를 때까지 누구도 다가오지 않기 때문에 다른 매장과는 달리 편한 마음으로 쇼핑을 즐길 수 있다. 고객이 무엇을 불편해하는지를 고객의 입장에서 항상 생각하는 자세가 경이적인 성장의 비결이다.

유니클로는 불황에도 매출이익이 오히려 배로 성장하는 기업으로 유명하다. 가격 거품이 많기로 소문난 패션 업계에서 이례적으로 합리적인 가격을 고수하고 있기 때문이다. 비슷한

품질이면 가격이 훨씬 저렴한 유니클로를 선택하는 것이 이익이라는
인식이 사람들 사이에 빠르게 퍼져 나가면서 불황에도 매출이 급상승
한 것이다.

문화: 모방과 독창성,
스스로 빛나다

[1997 ~]

대사 없이 사물놀이 리듬과 상황만으로 구성된 한국형 뮤지컬 퍼포먼스이다. 브로드웨이의 비언어적 공연 〈스톰프〉를 벤치마킹한 후 전통음악과 현대적 공연 양식을 결합하는 독창적인 아이디어를 가미해 만들었다. 주방을 배경으로 조리 기구를 이용해 흥겨운 리듬을 만들어낸다. 한국 공연 사상 최다 관객을 동원하였고, 해외에서도 호평받고 있다.

흥(興)

춤추고 노래하는 것을 좋아하는 한국인의 정서를 파악해 흥겨운 리듬과 흥미로운 스토리로 이야기를 꾸민 것이 주효했다. 비언어극이라는 특징을 이용해 외국인 관광객들의 뜨거운 호응도 얻고 있다.

변(緣)

난타는 최초의 성공에 만족하지 않았다. 초연 이후 끊임없이 피드백을 거치며 내용을 보강하고 있다. 이런 노력 때문에 이미 관람한 관객들까지 다시 극장을 찾는다.

객체(You)

난타는 배우들이 일방적으로 공연하고 관객들은 수동적으로 감상하는 방식을 사용하지 않는다. 관객들은 손뼉치고 추임새를 넣으며 적극적으로 공연에 참여한다. 관객이 배우의 시점에서 공연을 볼 수 있도록 설계했기 때문에 성공할 수 있었다.

모방을 뛰어넘는 청출어람의 좋은 예 · 올드보이 ·

[2003 ~]

영문도 모른 채 15년 동안 갇혀 있던 남자가 범인의 정체를 밝혀가는 과정을 담은 한국 영화로, 박찬욱 감독의 복수 3부작 중 하나이다. 최민식, 유지태, 강혜정이 열연했다. 원작은 일본의 동명 만화이다. 2004년, 제57회 칸영화제에서 심사위원 대상을 받은 것을 비롯해 국내외의 중요한 영화상을 휩쓸었고, 상업적으로도 성공했다.

연(緣)

혈연을 중시하는 한국인의 정서를 고려해 아버지와 딸의 비극적 관계를 설정함으로써 관객들에게 깊은 인상을 남겼다. 오이디푸스 콤플렉스나 엘렉트라 콤플렉스를 연상시키는 코드를 활용해서 원작을 뛰어넘는 작품성을 확보하는 데 성공한 것이다.

흥(興)

흥겨움과 한스러움은 정반대의 감정이지만 극단으로 가면 통하는 부분이 있다. 영문도 모르고 15년 동안 감금된 주인공의 모습이 한국인의 정서 중 하나인 한스러움과 맞아떨어졌

다. 이후 군만두만 먹으며 처절하게 복수를 준비하고 실행하는 모습
에서 관객은 전혀 다른 감정인 흥미와 진한 카타르시스를 느꼈다.

일본의 원작을 바탕으로 만든 작품
이지만 그대로 모방하는 수준에서 멈추지 않았다. 받아들인 후에 다
양한 아이디어를 가미함으로써 세계적인 문화상품으로 업그레이드했
기 때문에 세계인의 눈과 귀를 사로잡을 수 있었다.

독창성에 대한 집착, 전통이 되다 · 픽사 ·

PIXAR
ANIMATION STUDIOS

[1986 ~]

미국 캘리포니아주에 위치한 컴퓨터 애니메이션 제작사이다. 2006년, 월
트 디즈니사가 74억 달러에 인수했다. 대표작은 '토이 스토리 시리즈',
'니모를 찾아서', '라따뚜이', '업' 등이 있다. 처음에는 루카스 필름
의 컴퓨터 사업부로 출발했는데 스티브 잡스가 1,000만 달러에 사들인
후 '토이스토리'를 만들면서 세계적인 기업으로 도약했다.

세계 최초의 3D 애니메이션인 '토이스토리'의 제작사답게 항상 새로운 소재, 기술, 주제, 스토리를 추구한다. 작품이 나올 때마다 픽사의 작품이라는 사실만으로도 세계적인 관심을 집중시킨다. 경쟁사들이 동물 애니메이션으로 수익을 내고 있는 상황에서 픽사는 독창적인 아이디어가 없는 한 동물을 이용한 애니메이션으로 돈을 벌지 않는다는 내부방침을 정했다. 변화를 추구하는 독창성에 대한 남다른 집착은 견고한 전통이 되어 누구도 따라올 수 없는 브랜드 파워를 형성하고 있다.

픽사의 애니메이션이 높은 평가를 받는 것은 뛰어난 예술성을 가지면서 재미를 잃지 않는 능력 때문이다. 감동과 웃음이 공존하는 스토리를 만들어 언제나 관객의 기대치를 넘어섬으로써 흥행불패 신화를 이어가고 있다.

픽사는 흥미로움과 전혀 반대되는 감정인 한스러움도 작품 안에 집어넣는다. 'UP' 이라는 작품이 공개되었을 때 사람들은 충격을 받았다. 도입부에 인생의 굴곡을 보여주는 드라마적 요소를 집어넣은 스토리 때문이었다. 애니메이션은 아동을 주관객으로 하기 때문에 인생의 무게를 보여주는 것은 일종의 금기였다. 하지만 픽사는 과감하게 기쁨과 슬픔이 공존하는 삶을 뛰어난 그래픽에 담아 보여주면서 애니메이션의 지평을 실사영화의 영역까지 확장시켰다.

스스로 빛나고 싶은 여성의 욕망 · 샤넬 ·

[1883.08.19 ~ 1971.01.10]

세계적인 명품 브랜드인 샤넬의 창업자이다. 불행했던 어린 시절을 극복하고 독창적인 패션 디자이너로 성공했다. 1909년에 첫 가게를 연 후로 순조롭게 성공의 길을 걷다가 1921년에 역사적인 걸작인 샤넬 향수를 만들어냈다. 거추장스럽고 불편한 옷으로부터 여성을 해방시키려 했다.

이성(Reason)

샤넬은 향수에 이름을 붙일 때 개발된 순서에 따라 번호만 표기했다. 당시 대부분의 향수는 '봄의 욕망', '저녁의 도취' 같이 시적인 이름이었던 것에 비하면 파격적인 시도였다. 사람들은 간결한 이름을 가진 샤넬의 향수를 쉽게 기억했다.

　　　　　당시의 여성복은 여성을 꽃처럼 아름답게 꾸며 성공한 남자의 빛나는 액세서리처럼 만드는 스타일이었다. 하지만 샤넬은 시대에 순응하는 디자인을 하는 대신 여성이 일하는 시대 자체를 디자인했다. 스스로 빛나고 싶은 여성의 주체로서의 욕망을 이해했던 것이 전설적인 디자이너가 사용한 비결이었다.

감성(Emotion)

　　　　　샤넬이 다른 명품 브랜드와 구별되는 가장 큰 특징은 자기 노력으로 성공한 여성을 상징한다는 이미지이지만 샤넬의 제품이 심미성에서 타 브랜드에 뒤진다면 이 또한 무용지물이었을 것이다. 샤넬의 디자인은 절제된 장식성을 바탕으로 높은 예술성을 지녔기 때문에 전 세계 여성의 마음을 사로잡았다.

스포츠: 놀이와 전통은 행운이자 보물

불운도 행운으로 만드는 '캡틴 박' · 박지성 ·

[1981.02.25 ~]

교토퍼플 상가와 에인트호번을 거쳐 축구 명문 맨체스터 유나이티드에서 활약한 한국의 축구선수이다. 엄청난 활동량을 자랑하며 그라운드를 누비기 때문에 '산소탱크'라는 별명으로 불린다. 주장으로 국가대표팀을 이끌면서 월드컵 16강 진출을 성공시켜 '캡틴 박'으로 불리기도 했다.

학연이 중요하게 작용하는 한국축구계에서 주목받지 못했던 박지성은 역으로 국내의 학연이 전혀 통하지 않는 일본, 네덜란드, 영국 등 해외무대에 과감하게 도전해 눈부신 성공을 이끌어냈다. 각종 연줄이 전혀 통하지 않는 곳에서 연줄은 무용지물이기 때문이다.

권위를 내세우기보다는 동료의 입장을 먼저 헤아리는 리더십을 바탕으로 대표팀의 주장으로서 월드컵 사상 첫 원정 16강을 이루었다. 언론에서는 이런 박지성의 리더십을 '부드러운 카리스마' 라고 표현했다.

피나는 연습을 놀이로 승화 · 김연아 ·

[1990.09.05 ~]

여자 싱글 부문에서 그랜드 슬램을 최초로 달성한 한국의 피겨 스케이팅 선수이다. 주니어 시절 자신을 앞섰던 일본의 라이벌들을 뛰어넘어 올림픽에서 금메달을 따냈다. 점프의 교과서이자 사상 최고의 선수로 평가받는다. 오랜 공백을 깨고 돌아와 압도적인 실력으로 세계선수권을 제패했다.

김연아는 피겨에 모든 것을 투자하는 생활을 오랫동안 반복하면서 중간에 포기하지 않았다. 자신의 꿈에 충성하며 한눈을 팔거나 시간을 낭비하지 않는 것이 피겨 여왕의 가장 기본적인 무기이다.

초창기 김연아는 화난 표정으로 종일 스케이팅을 하는 연습벌레였다. 코치진은 피겨연습이 지겨운 숙제가 아닌 재미있는 놀이라는 걸 깨닫게 해주었다. 굳었던 마음이 풀리면서 연습 효과가 상승한 것은 물론이고 표현력이 강화되면서 누구도 넘볼 수 없는 경쟁력을 갖추게 되었다.

쇼트 프로그램은 상업영화인 〈007〉의 주제가에 맞추어 구성하고, 프리 스케이팅에서는 클래식 선율에 맞춰 연기하는 등 그녀의 변신은 끝없이 이어져 왔다. 이런 건설적인 변화 때문에 김연아는 피겨 관계자들과 피겨 팬들이 새 프로그램을 가장 기대하는 선수로 꼽힌다.

개인보다 팀을 중시하는 전통 · 뉴욕 양키스 ·

[1901 ~]

미국 메이저리그 소속의 프로 야구 구단이다. 창단 이래 월드 시리즈에서 27회, 아메리칸 리그에서 40회나 우승을 차지한 최고의 명문구단이다. 베이브 루스, 루 게릭, 조 디마지오, 요기 베라 등 슈퍼스타들을 배출했다.

객체(You)

　　양키스는 수많은 스타를 배출했지만, 개인보다는 팀을 중시하는 전통을 고수하고 있다. 개인이 튀는 것을 허용하지 않는 양키스에 입단하기 위해 제이슨 지암비는 트레이드 마크였던 수염을 깎았고, 라울 몬데시는 염색한 머리를 다시 원래 색깔로 바꾸고 체중을 줄인 후에 헐렁하게 입던 유니폼을 똑바로 입어야 했다. 전통 있는 줄무늬 유니폼을 입은 양키스 선수들은 이런 팀 문화 때문에 전원이 스타임에도 불구하고 하나의 팀으로 녹아들면서 최상의 전력을 발휘한다.

양키스는 우승의 핵심요소인 전력 강화를 위해 과감하면서도 꾸준하게 투자하는 것으로 유명하다. 최근 50년간 연봉 총액에서 1~3위 자리를 놓치지 않고 있다. 이런 투자는 신화적인 성적과 인기로 이어졌고 다시 높은 수익과 천문학적인 구단 가치로 돌아왔다. 일본의 괴물 타자 마쓰이를 영입해 3년 동안 2,100만 달러의 연봉을 지급하고 전 일본인을 양키스 팬으로 만들어버린 것이 대표적인 사례이다.

2010년 사망한 조지 스타인브레너 양키스 구단주는 미국 스포츠계에서 폭군으로 유명했다. 승리를 요구하며 감독과 선수를 몰아붙이고 리그와 월드 시리즈에서 우승하지 못하면 가차 없이 해고의 칼날을 휘둘렀다. 1972년에 그가 양키스를 인수한 이후로 해고한 감독이 수십 명이다. 양키스 구단은 과감히 투자하고, 최고의 목표를 제시하고, 이를 강요하며 성공의 경험을 반복하고 있다.

특정지역 전유물 아닌 지구촌의 보물 · 올림픽 ·

[1896 ~]

IOC가 4년마다 개최하는 국제스포츠대회이다. 고대 올림픽 경기는 그리스인들이 제우스 신에게 바치는 제전경기의 하나로 종교, 예술, 군사훈련 등이 삼위일체를 이룬 것이다. 프랑스의 피에르 쿠베르탱의 노력으로 근대 올림픽이 시작되었다. 그리스 아테네에서 1회 대회가 '인류평화의 제전' 이라는 구호 아래 개최되었다.

연(緣)

1896년, 그리스 아테네에서 최초의 올림픽이 개최되었을 때 고대 올림픽의 종주국인 그리스가 영원한 올림픽의 보금자리가 되길 바라는 사람들이 많았다. 하지만 쿠베르탱은 올림픽은 매번 다른 국가에서 열려야 한다고 주장했다. 지연에 얽매이지 않고 축제를 모든 나라와 공동 소유해야 한다는 그의 주장 때문에 오늘날 올림픽은 특정지역의 전유물이 아닌 지구촌의 보물이 되었다.

올림픽 경기의 하이라이트는 금, 은, 동으로 나뉜 메달을 누가 따는가를 지켜보는 것이다. 올림픽은 메달을 수여하는 제도를 통해 건강한 경쟁을 유도함으로써 흥미를 유발해 흥행에 성공했다. 대표적인 슬로건인 '보다 빠르게, 보다 높게, 보다 강하게' 는 비교하는 심리를 활용한 대표적인 예라고 할 수 있다.

사회: 정직하게,
온몸으로 세상과 부딪히다

[2000 ~]

미국 기부문화의 순기능을 한국적으로 적용하기 위해 재단법인으로 설립되었다. 풍요로운 공동체 건설을 목표로 여러 가지 기금을 조성하여 올바른 기부문화 확산에 이바지하고 있다. 기부자는 기부금이 쓰일 분야를 지정할 수 있다. 아름다운 가게, 희망 가게 사업 등을 벌이고 있다.

　　　　　정은 힘들 때 함께 나누며 위기를 극복하는 한국인의 힘이자 세계인과 소통할 수 있는 공통분모이기도 하다. 아름다운 재단은 미국의 사회 환원재단의 성공방식을 벤치마킹한 후 정이 많은 우리나라의 실정에 맞게 변형했기 때문에 빠르게 성장할 수 있었다.

　　　　　아름다운 재단은 단순히 돈만 기부받는 형태로 운영되지 않는다. 아름다운 가게에 물건을 기부할 수도 있고, 아이디어를 나눌 수도 있다. 기부자의 이름을 딴 기금을 따로 만들어주기도 하고, 기부자의 의도에 맞게 기부금이 쓰이는 제도도 갖추고 있다. 이렇듯 기부자의 다양한 요구와 조건을 적극적으로 수용하기 때문에 성공적으로 기부문화 확산을 이끌어낼 수 있다.

투명하고 정직한 기업경영의 표상 · 유일한 ·

[1895.01.15 ~ 1971.03.11]

유한양행과 유한재단을 설립한 기업가이자 교육자이다. 독립운동에도 헌신했고, 한국전쟁 때는 OSS 요원으로 활동했다. 미국에서 숙주나물 통조림을 팔아 큰 성공을 거두었다. 투명하고 정직한 기업경영의 표상으로 손꼽히며 전 재산을 사회에 환원하였다. 이윤 추구가 아닌 사회 헌신을 목표로 한 경영자로 존경받고 있다.

부정(No)

1926년, 유한양행을 설립하고 미국에서 약을 수입해 팔기 시작했을 당시 조선에는 의약품 과장광고가 판을 치고 있었다. 만병통치약에 관한 신문광고가 실려도 아무런 제재를 하지 않던 시절이어서 비윤리적인 약품회사들이 큰돈을 벌었다.

유일한은 이런 세태와 타협하는 것을 단호히 거부하고 직접 신문에 실을 광고의 문구를 작성하여 효능뿐만 아니라 부작용의 가능성에 대해서도 알렸다. 처음에 의아해하던 소비자들도 차츰 정직한 광고에 믿음을 보내기 시작했고 '유일한이 경영하는 유한양행은 거짓말하지 않는 회사' 라는 소문이 퍼졌다. 유일한이 수입하거나 생산하는 약들은 품질이 우수했기 때문에 신뢰는 눈덩이처럼 불어났고 회사는 빠르게 성장했다.

주고받기(Give&Take)

1971년, 유일한이 세상을 떠나고 유언장이 공개되자 세상이 술렁거렸다. 손녀에게 대학을 졸업할 때까지의 학비 1만 달러를 주는 것을 제외하고는 남은 재산은 모두 사회에 기증한다고 밝혔기 때문이다. 당시로써는 너무나 충격적인 내용이었다. 자식에게 재산을 물려주기 위해 온갖 불법을 저지르고 그 과정에서 가족끼리 다툼을 벌이는 것에 익숙했던 사람들은 유일한을 정직한 기업인의 표상으로 기억하고 존경한다.

유일한은 항상 먼저 주고 나서 자신이 받을 것을 취하는 방식을 택했다. 돈을 벌고 싶으면 먼저 우수한 품질의 제품과 정직한 광고를 제공했고, 정치인들에게 부당한 뇌물을 주지 않기 위해서 미리 세금을 성실히 납부함으로써 청탁할 여지를 남겨두지 않았다.

최초의 노벨평화상 수상자가 만든 구호 단체

[1863 ~]

전쟁터의 병자를 구할 목적으로 설립된 인도적 기구이다. 스위스의 앙리 뒤낭이 주도해서 설립했다. 중립적 지위를 인정받아 국제적으로 보호된다. 적십자조약인 제네바 협약이 채택된 후 각국에 적십자가 설립되었다.

정(情)

적십자는 인종, 종교, 국적을 가리거나 강요하지 않고 오직 인간의 생명만을 귀하게 여기는 행동강령을 고수한다. 이슬람권 국가에서는 붉은 십자가 대신에 붉은 초승달을 사용해 '적신월' 이라고 불리며, 이스라엘에서는 '마겐다비드아돔' 이라고 불린다. 정은 한국뿐 아니라 인류의 보편적인 정서이자 인류사의 안전장치이다. 적십자는 정에 기반을 둔 인도주의와 인류의 복지라는 보편타당한 목표를 가진 단체이기 때문에 국제적인 후원을 이끌어낼 수 있었다.

앙리 뒤낭은 솔페리오 전쟁터에서 부상병을 치료하고 생명을 구하는 일로 많은 시간을 보냈다. 그는 이를 기록한 책을 출판하면서 전쟁 부상병들을 돌보기 위한 목적의 단체를 설립할 것을 촉구했다. 그는 나폴레옹 3세를 비롯한 유럽의 최고 지도자들에게 부상자를 돌보는 초국가적인 구호단체를 설립하자고 열정적으로 제안했다. 길고 험난한 설득과정을 거쳐 적십자가 설립되어 국제적인 조직으로 성장했다. 뒤낭은 제1회 노벨 평화상을 받는 영광을 얻었다.

한쪽 다리 절단한 채 마라톤 하며 모금 운동

· 테리 폭스 ·

[1958.06.28 ~ 1981.06.28]

캐나다의 운동선수이자 인도주의자다. 다리 하나가 수술로 절단된 상태에서 1980년, 암 연구를 위한 자선 마라톤을 시작했다. 그는 143일 동안 5,373킬로미터의 마라톤을 통해 암 연구의 중요성을 세계에 알렸다. 그의 업적을 기리기 위해서 1981년부터 매년 60개 이상의 국가가 테리 폭스 달리기를 개최하고 있다.

테리 폭스는 골육종 치료 때문에 한쪽 다리를 절단해야 하는 아픔을 겪었다. 뛰어난 운동선수였던 그에게 다리를 잃는 것은 누구보다 고통스러운 일이었다. 하지만 그는 한스러운 경험을 흥겹게 극복하는 아름다운 노력을 통해 어떤 말보다 강한 설득력을 발휘하며 기적을 만들어냈다.

테리 폭스는 불행한 자신의 처지를 이용해 사람들의 동정을 구하려고 하지 않았다. 오히려 불편한 다리로 정상인도 하기 힘든 마라톤을 하면서 모금운동을 전개했다. 사람들의 관심과 기부금을 얻기 위해서 먼저 자신이 감동적인 질주를 시작한 것이다. 그 대가로 그는 엄청난 돈을 모아 암 연구에 이바지할 수 있었다.

종교: 쉬운 말로,
변명하지 말고, 묵묵히

'하늘을 우러러 한 점 부끄럼 없는'
한국 최초의 추기경 · 김수환 추기경 ·

[1922.07.02 ~ 2009.02.16]

한국의 가톨릭 성직자로 1969년 교황 바오로 6세에 의해 한국 최초의 추기경이 되었다. 교회 혁신과 현실 참여 원칙에 따라 봉사하는 교회, 역사에 동참하는 교회상을 제시했다. 민주주의 발전을 위해 헌신했고, 인권의 수호자로 인간의 존엄성과 공동선을 추구하였다.

김수환 추기경은 평생 자신의 신앙에 비춰 부끄러운 행동을 하지 않고 충직하게 믿음대로 행동했다. 강력한 공권력에 맞서 명동성당에서 농성 중인 학생들을 끝까지 지켜준 일화는 유명하다. 이런 삶의 궤적이 모여서 믿을 수 있는 시대의 멘토가 만들어진 것이다. 지금도 성경의 가르침을 알고 있으나 행하지 못하는 많은 이들에게 본보기로 남아있다.

김수환 추기경은 길상사 개원 법회에 참석하여 축하인사를 건넸다. 다음 해에는 법정 스님이 명동 성당에서 특별강연을 개최했다. 김수환 추기경은 먼저 다가가서 종교 간의 화합을 이루어냈다. 그는 받기를 바라기보다는 늘 먼저 주면서 복음을 전파하는 성직자의 설득법에 충실했다.

불교의 법문을 일상에 담다 · 법정 스님 ·

[1932.10.08 ~ 2010.03.11]

한국의 승려이자 수필 작가이다. '무소유', '오두막 편지' 등이 유명하다. 서울 도심의 대원각을 시주받아 길상사로 바꾸고 소유하지 않았다. 강원도 산골에서 직접 땔감을 구하고 밭을 일구며 무소유의 삶을 살았다. 담백하면서 쉽게 읽을 수 있는 글솜씨로 많은 베스트셀러를 저술했다.

감성(Emotion)

법정 스님은 종교인뿐만 아니라 수필가로도 명성이 높았다. 어려운 불교의 법문을 억지로 설파하기보다는 감각적인 일상의 이야기 속에 부처의 말을 담았다. 이런 설득 방식으로 수많은 베스트셀러를 냈고 불법도 널리 전파할 수 있었다.

주고받기(Give&Take)

그는 무소유의 청빈한 삶을 살았다. 천문학적인 가치를 지니는 대원각을 기부받았어도 길상사라는 절로 탈바꿈시킨 후 소유하지 않았다. 인세 수입이 많았지만 고아나 어려운 이

웃을 돕는 데 모두 사용했다. 먼저 주고 상대의 변화를 기대하는 그의 설득 방식은 언제나 강력한 힘을 발휘했다.

쉬운 말이 때론 더 큰 감동이야 · 킹 목사 ·

[1929.01.15 ~ 1968.04.04]

미국의 흑인 운동 지도자이자 목사이다. 보스턴 대학에서 신학 박사학위를 받았다. 버스의 차별적 좌석제에 대한 버스 보이콧 운동을 비폭력 전술로 이끌어 승리하면서 전국적인 지도자가 되었다. 1964년, 노벨 평화상을 받았으나 1968년, 멤피스에서 인종차별주의자에게 암살당했다.

킹 목사가 신앙과 인권에 눈을 뜬 건 목사였던 아버지의 가르침 덕분이다. 그는 가족이 주는 긍정적인 영향을 충분히 흡수하며 성장했기 때문에 옳지 않은 것을 보면 항의해야 한다는 가르침을 대를 이어서 실천할 수 있었다.

그는 "나에게는 꿈이 있습니다"로 시작되는 유명한 연설을 남겼다. 이처럼 뛰어난 언변을 적극적으로 활용해서 고정관념과 인습에 맞서 싸웠다. 쉽고 강력한 말과 글을 통해 대중에게 비폭력을 호소하며 폭넓은 공감과 변화를 불러일으켰다.

변명하는 대신 묵묵히 행동해봐 · 테레사 수녀 ·

[1910.08.26 ~ 1997.09.05]

로마 가톨릭 수녀로 1950년, 인도 콜카타에서 사랑의 선교회를 설립하여 45년간 빈민과 병자, 고아, 죽어가는 이들을 위해 헌신하였다. 1979년, 노벨평화상을 수상하였다.

테레사 수녀가 인도에서 칼리 신전 뒤편의 건물을 고쳐 죽어가는 사람들을 보살피는 집을 만들자 힌두교도들은 기독교인들이 선교활동을 위해 건물을 이용할 거라며 항의시위를 벌였다. 하지만 사랑의 선교회 수녀들이 종교와 관계없이 봉사활동을 하는 모습을 보고 수녀들을 받아들였다. 테레사 수녀는 변명하는 대신 묵묵히 행동하는 것으로 모든 것을 보여주었다. 개미는 한 마디도 말하지 않지만, 누구보다 강하게 설득한다. 테레사 수녀는 평생을 인도 콜카타의 빈민가에서 가난한 자들의 어머니로 살면서 123개국에 610개의 선교단체를 만들었다.

긍정(Yes)

많은 사람들이 긍정의 힘에 대해 말한다. 하지만 테레사 수녀만큼 긍정적 삶에 대해 크게 말하는 사람은 흔치 않다. 그녀는 언젠가 인류가 미움을 멈추고 서로 사랑하며 살아갈 것이라 굳게 믿고 흔들리지 않았다. 그녀와 함께 봉사에 동참한 수많은 사람들은 그녀의 긍정 바이러스에 걸린 행복한 환자들이다.

정치: 진심으로 소통하고 강력하게 추진한다

세상에 나를 맞추는 처세의 달인 · 왕건 ·

[877.01.31 ~ 943.07.04]

고려 초대 왕. 궁예의 부하로 견훤의 군사를 격파하였고 정벌한 지방의 구휼에 힘써 백성의 신망을 얻었다. 궁예가 민심을 잃자 왕으로 추대되어 고려를 건국했다. 수도를 송악으로 옮기고 불교를 호국 신앙으로 삼았다. 신라와 후백제를 합병하여 후삼국을 통일한 후 융화정책, 북진정책, 숭불정책을 건국이념으로 삼았다.

연(緣)

　　왕건은 연을 중시하는 한국인의 특징을 잘 활용한 리더이다. 그는 혈연을 중시하는 특징을 이용해 호족들과 혼인을 맺어 그들이 반란을 일으키는 것을 막았고, 지연을 중시하는 정복민들의 인심을 헤아려 지역의 관습에 맞춰 통치하였다. 이런 방식은 고려 초기의 혼란을 수습하고 하나의 국가를 만드는 데 결정적 힘이 되었다.

변(緣)

　　왕건은 세상에 맞서기보다는 세상에 맞추는 처세술을 사용하며 변화무쌍하게 행동했다. 강자 궁예에게 대항하는 대신 기꺼이 지지기반인 송악을 바치고 그 밑에서 벼슬을 하였고, 마흔 살도 되기 전에 최고의 자리인 시중에 임명되었다. 궁예가 공포정치로 민심을 잃자 그를 몰아내고 왕좌를 차지하는 등 판세를 읽고 움직이는 지혜를 지녔다.

받고 주기(Take&Give)

　　상인 세력을 기반으로 하는 왕건은 충성을 맹세한 호족들을 철저하게 우대했다. 자신에게 무언가를 바친 상대를 절대 배신하지 않았다. 서로 손해 보는 일이 없어야 설득하기 쉽고 관계가 오래갈 수 있다는 그의 판단은 난세에 확실한 자기편을 늘려가는 강력한 원동력으로 작용했다.

국제 외교전의 냉정한 승부사 · 서희 ·

[942 ~ 998]

고려의 외교관. 거란의 침략 때 서경 이북을 할양하고 강화하자는 안(案)에 극렬하게 반대하였다. 자진해서 국서를 가지고 적장 소손녕과 담판을 벌여 거란을 철수시켰다. 지금의 평북 일대 국토를 완전히 회복했다.

충(忠)

우리 민족의 충(忠) 사상은 주변 국가들이 혀를 내두를 정도였다. 서희는 고려가 고구려를 충직하게 이어받은 후손임을 철저하게 강조하는 전략을 구사했다. 결국 그는 옛 고구려 땅인 강동 6주를 적장 소손녕으로부터 얻어내는 최고의 성과를 얻어냈다.

　　서희는 비상식적인 요구를 하는 소손녕을 상대로 감정적으로 대응하지 않았다. 요나라와 수교를 하지 않는 것은 송나라 때문이 아니라 여진이 옛 고구려 땅을 차지하고 있어서 교역할 수 없기 때문이라고 주장하면서 그 땅을 고려가 회복하여 그곳에 성과 보를 쌓아 길을 통한다면 반드시 국교를 맺을 것이라는 이론을 내세웠다. 그의 말에는 조금의 허점도 없었기 때문에 소손녕은 서희에게 많은 선물과 강동 6주를 내주고 돌아갔다.

　　냉정한 국제외교전에 임한 서희는 먼저 받기 전에 내주지 않는 전법으로 땅을 얻었다. 이후 국제정세에 따라서 요나라와의 국교를 차일피일 미루며 내주는 것에 신중한 외교를 지속해갔다. 요나라는 먼저 많은 것을 주었으나 고려와의 국교라는 선물을 얻어내지 못하고 고려의 외교전에 끌려다녀야 했다.

진심으로 소통하는 '검은 케네디' · 오바마 ·

[1961.08.04 ~]

미국의 대통령. 인권변호사 출신으로 2008년 민주당 대통령 후보로 공화당의 존 매케인 후보에게 승리하고 44대 미국 대통령에 당선되었다. 미국 최초의 흑인 대통령이다. 핵무기 감축, 중동평화회담 재개 등에 힘써 노벨 평화상을 받았다. 2012년, 재선에 성공했다.

연(緣)

오바마는 흑인의 테두리 안에 갇히는 것을 거부하고 다민족혈통인 자신의 출생이 인종 간의 갈등을 화해시키는 기회라고 생각하였다. 그는 피부색을 초월한 열린 사고를 바탕으로 흑인들의 지지뿐 아니라 백인들에게까지 폭넓은 지지를 받으며 사상 최초의 미국 흑인 대통령이 될 수 있었다.

이론(Theory)

컬럼비아 대학교와 하버드 대학교에서 공부한 그는 깊은 학식을 바탕으로 쉽고 간결한 연설을 통해 대중을 사로잡으며 명성을 얻었다. '검은 케네디'로 불릴 정도의 화술은 〈하버드 로 리뷰〉의 첫 번째 흑인 편집장을 맡을 정도로 탁월했던 그의 학식과 이론에 바탕을 두고 있다.

오바마는 의료보험 개혁안 통과를 위해 불편한 관계였던 폭스 뉴스에 출연해 보수 성향의 국민들을 설득했다. 야당 의원을 대통령 전용기에 태워 함께 비행하며 설득해 마음을 돌려놓기도 하고, 국빈방문을 미루고 야당의원들을 백악관으로 불러들여 토론하기도 했다. 그는 끊임없이 진심 어린 설득을 반복하며 불가능한 입법이라 평가받았던 의료보험 관련법을 통과시키는 최고의 정치력을 발휘했다.

이론으로 무장하고 강력하게 추진한다 · 힐러리 ·

[1947.10.26 ~]

미국의 정치인이자 전 국무부 장관이다. 빌 클린턴 대통령의 부인으로 활발한 활동을 벌여 세계의 주목을 받은 바 있다. 변호사 시절부터 현재에 이르기까지 눈부신 경력을 쌓고 있다.

　　　　힐러리는 미합중국 역사상 최초의 석사학위 이상을 가진 퍼스트레이디였다. 그녀는 명문 웰즐리대학 학생회장으로 활동하고, 예일대학교 법학대학원에서 공부할 정도로 지적 탐구욕이 왕성했다. 튼튼한 학문적 기초는 논리적이고 방대한 자료를 기반으로 하는 힐러리 식 설득의 기반이 되었다.

　　　　힐러리는 이론으로 무장한 후에 강력한 추진력으로 일을 처리한다. 퍼스트레이디 시절 보통 동관에 사무실을 가지는 영부인들과 달리 대통령 집무실이 있는 서관에 집무실을 두고 엘리노어 루스벨트 이후 가장 영향력 있는 퍼스트레이디로 활동했다. 이런 적극적인 역할로 '빌러리' 라는 별명을 얻었고 '하나 가격에 둘' 이라는 표어의 주인공으로 남편 빌 클린턴의 당선에도 혁혁한 공을 세웠다.

마케팅: 내가 원하는 세상,
내가 만드는 거야

[1999.03 ~]

SK 그룹에서 시작한 개방형 마일리지 서비스
이다. 다양한 업종에서 소비가 발생하면 포인
트를 제공하고 일정 수준 이상이 되었을 때
현금으로 돌려주는 방식이다. 마켓 리더로서
독점적으로 시장을 장악하고 있다.

SK는 먼저 고객들에게 현금처럼 쓰는 포인트를 한곳에 모아주는 혜택을 제공하며 충성도 높은 고객을 확보한 후에 통신이나 카드 사업에서 이윤을 추구했다. 먼저 주는 방식으로 자신들의 이익을 도모했기 때문에 반발이나 거부감을 일으키지 않고 성공을 거둘 수 있었다.

오케이캐시백 사업이 성공한 가장 큰 이유는 현금처럼 사용할 수 있다는 점을 강조했기 때문이다. 사업부에서는 제목부터 '캐시백'으로 짓고 일정금액 이상이면 현금처럼 사용할 수 있는 초유의 마케팅을 펼쳤다. 아직 포인트가 돈이라는 인식이 부족했던 상황에서 현금처럼 사용할 수 있는 시스템을 크게 어필했다. 서비스의 장점을 철저하게 이성적으로 이해시킴으로써 많은 회원을 빠르게 확보했던 것이다.

포인트라는 사이버 머니가 화폐처럼 통용되는 시대를 예측하고 변화에 발 빠르게 대처했기 때문에 후발업체가 시스템을 구축할 여유를 주지 않고 시장을 독점할 수 있었다. 사업 초기에 고객들이 생각처럼 움직여주지 않자 직원들이 가맹 예상업체를 돌아다니면서 하나하나 가맹점을 모아 변화를 스스로 유도한 일화는 유명하다.

생산자와 소비자의 쌍방향 소통 · 네이버 ·

NAVER

[1999.06 ~]

NHN(주)에서 제공하는 인터넷 포털사이트이다. 삼성 SDS의 사내 벤처로 시작해 분사하였다. 지식인 서비스로 업계 1위를 차지해서 지금까지 부동의 선두를 지키고 있다.

변(緣)

네이버는 생산자와 소비자가 쌍방향으로 소통하는 시대를 예측하고 이런 변화에 어떤 경쟁사보다 빠르게 대처했다. '지식IN' 서비스가 대표적인 예로 사용자가 직접 콘텐츠를 생산하는 시스템을 구축하여 폭발적인 관심과 참여를 이끌어 냈다. 네이버는 이런 시도를 지속하며 업계 1위였던 다음을 제쳤다.

　　네이버는 사업의 중요한 변곡점에서 막대한 광고 물량을 쏟아냈다. 소비자들은 어디서나 네이버의 광고를 접해야 했고 그들이 하는 말에 귀를 기울일 수밖에 없었다. 말을 해야 할 때가 있고 들어야 할 때가 있는데 네이버는 말을 크게, 많이 해야 하는 타이밍에서 그렇게 행동했다.

내가 원하는 세상은 내가 만들어간다 · 애플 ·

[1976.04.01 ~]

미국의 컴퓨터 회사. 스티브 잡스와 워즈니악이 개발한 매킨토시 컴퓨터를 팔기 위해 창업했다. 맥북, 아이팟, 아이폰, 아이패드 등 혁신적인 제품을 잇달아 출시하며 세계 최대의 IT 기업으로 성장했다.

　　애플은 고객 충성도가 높은 것으로 유명하다. 아이팟, 아이폰, 아이패드로 이어지는 자사제품 간의 시스템을 일원화하여 콘텐츠의 호환성을 높였고, 디자인에도 통일성을 부여하여

제품을 계속 사용하도록 유도했다. 그 결과 고객으로부터 기업의 영역을 넘어 종교의 영역에 도달한 충성심을 이끌어내는 데 성공했다.

변(緣)

애플은 누드 모니터를 처음으로 선보이고, 인터넷으로 한 곡씩 내려받는 음원 공급 시스템을 최초로 도입하고, 스마트폰이라는 미지의 영역을 개척하는 등 언제나 시대의 변화를 가장 앞에서 선도해왔다. 애플은 있는 시장은 장악하고, 없는 시장은 만들어내는 마법사이다. 세상에 자신을 맞추기보다는 자신이 원하는 세상으로 변화시킨다.

말하기(Speaking)

애플의 스티브 잡스는 세계에서 가장 프레젠테이션을 잘하는 사람으로 유명하다. 회사의 철학과 제품의 우수성을 간결하고 강력하게 전달함으로써 수많은 고객의 마음을 사로잡았다.

　　　　애플은 기능성 위주의 IT 기계에 디자인을 접목함으로써 예술과 기술이 만나는 접점을 지혜롭게 찾아냈다. 뛰어난 성능에 예술성까지 갖춘 애플의 모든 제품은 날개 돋힌 듯 팔려나갔다.

개별사업자의 구전 마케팅 · 암웨이 ·

[1959 ~]

미국의 건강기능식품, 화장품, 생활용품, 가정 기기 직접 판매회사이다. 리치 디보스와 제이 밴 앤델이 공동창업하였다. 'person to person' 이라는 독창적인 아이디어로 사업을 전개하며 전 세계에 광범위하게 진출했다. 제품, 비즈니스 기회, 물류 서비스 등을 제공하며 성장하고 있으며 적극적 암웨이 사업자만 수백만에 달한다.

　　　　암웨이에서 판매하는 제품은 품질이 우수하기로 유명하다. 또한, 값비싼 명품 대신 저렴한 생필품 위주로 제품군을 구성하기 때문에 고객들은 충성스럽게 반복구매하는 특징이 있다.

암웨이가 오랫동안 업계 1위를 유지하며 사업을 성공적으로 지속해온 가장 큰 원동력은 고객의 충성심을 얻을 수 있도록 사업을 진행했기 때문이다.

조건문(Conditional Sentence)

암웨이는 사업을 열심히 전개한 사람에게 확실히 보상하는 회사이다. 보상의 종류는 돈, 여행, 승진 등 여러 가지 형태가 있다. 세상을 지탱하는 가장 강력한 법칙인 인과율을 사업에 그대로 접목한 것인데 개인사업자들의 열정을 이끌어내고 함께 성장하는 원동력으로 작용하고 있다.

말하기(Speaking)

암웨이는 매스컴에 광고를 거의 하지 않는다. 대신 개별사업자들의 구전 마케팅을 이용해 제품을 소개하고 판매한다. 신문이나 방송이 가져갈 광고비를 개별 사업자가 구전 마케팅의 대가로 받는 구조이다. 체험을 바탕으로 얼굴을 맞대고 펼치는 구전 마케팅의 위력이 얼마나 대단한지는 암웨이의 매출과 순이익을 살펴보면 명확히 드러난다. 암웨이는 네트워크 마케팅 분야에서 한 번도 1위를 빼앗긴 적이 없다.

4장

상황별 설득비법

단순하고 간단한 방법으로 논리를 펼 수 있다면
절대로 복잡하게 바꾸어 말하지 말아야 한다.
불필요한 부분들은 '오컴의 면도날'로 과감하게 도려내고
남은 핵심만을 이용해 단순하게 설득해라.

persuasion
说服
convicción
Überredung
убеждение
persuasi

이론

1%의 법칙

1명의 뛰어난 사람과 99명의 평범한 사람들의 의견이 정확하게 반대로 갈린다면 어느 쪽의 의견을 따라야 할지 난감할 것이다. 지식이 보편화하기 전까지는 1%의 의견에 따라 세상이 변화하는 경향이 강했다. 국수 이창호와 하수 99명이 바둑을 두면 100판을 둬도 모두 이창호가 이긴다. 올망졸망한 바둑실력을 합쳐봐야 그 안에는 고수가 도달한 영역에서 게임을 이해하는 사람이 한 명도 없기 때문이다. 헨리 포드가 자동차를 만들 때 시민들의 의견을 물었다면 아직도 우리는 마차를 타고 다닐지도 모를 일이다.

이를 '1%의 법칙' 이라고 하는데 상대를 설득할 때 여전히 유용한 방법이다. 뛰어난 사람의 말이나 사례를 근거로 들며 주장의 타당성을 강조하는 것이다. 카이스트나 MIT에서 검증한 데이터는 근거 없는 자료보다 훨씬 무거운 증거력을 지닌다.

99%의 법칙

'1%의 법칙' 과 정반대의 이론이다. 세계대전을 겪은 대중들은 광기에 사로잡힌 엘리트들이 다수에게 어떤 피해를 주는지 처절하게 경험했다. 이에 대한 대안으로 제시된 것이 민주주의인데 매번 최선의 선택을 할 수 없을지라도 최악을 선택하는 것만은 피하자는 의도가 깔려 있다.

집단이 개인보다 우월하다는 주장은 인터넷 시대를 맞아 한층 힘을 얻고 있다. 위키디피아와 트위터로 상징되는 집단 지성이 주목받으면서 이름 없는 대중의 의견이 어느 때보다 중요해졌다.

소셜 네트워크 서비스나 커뮤니티 사이트, 인터넷 댓글 등을 파악하여 전체적인 네티즌의 의견이 이렇다고 제시하는 것은 디지털 시대

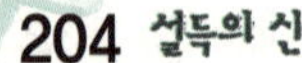

에 상당한 무게감을 지닌다. 대중의 지혜에 기대는 것은 인터넷 시대에 꼭 필요한 설득의 기술이다.

파레토의 법칙

경제학자 파레토는 소득 분배를 연구하다 부의 80%를 20%의 소수가 차지한다는 것을 알아냈다. 기업 매출의 80%가 20%의 주력제품에서 발생하고, 백화점 매출의 80%는 20%의 주요고객이 만들어낸다.

설득을 할 때도 마찬가지이다. 10가지 논거에 고르게 시간을 배분하면 상대방은 지루함을 느끼고, 무엇이 더 중요한 근거인지를 판단하기 위해서 에너지를 낭비해야 한다. 처음 설득할 때부터 핵심적인 내용에 대부분의 시간을 할애하고 나머지 내용들은 간략하게 맥만 짚어주는 것이 좋다.

관성의 법칙

외부에서 새로운 힘이 가해지지 않으면 정지한 물체는 계속 정지해 있고 움직이던 물체는 같은 방향으로 계속 움직인다는 것이 뉴턴의

'관성의 법칙'이다. 사람이나 조직도 마찬가지다. 새로운 자극이나 에너지가 주입되지 않으면 어제, 오늘, 내일의 모습이 똑같아진다.

관성의 법칙에 따라서 움직이지 않거나 하던 대로 계속 움직이려는 사람을 설득하기 위해서는 새로운 에너지를 가해야 한다. 새로운 에너지란 당근과 채찍으로 요약할 수 있다.

새로운 비전을 보여주거나 당사자에게 주어질 혜택을 알려주는 것이 좋은 당근이다. 나폴레옹은 자신을 스스로 희망을 파는 상인으로 규정하고 수많은 군인들에게 '위대한 프랑스'라는 하나의 꿈을 함께 꾸도록 만들었기 때문에 유럽을 정복할 수 있었다.

고수가 사용하는 채찍은 주로 상대방이 설득에 응하지 않았을 때 받게 될 불이익을 우아하고 침착하게 인지시키는 형태로 나타난다. 보험에 가입하지 않은 상태에서 암에 걸렸을 때 부담할 비용을 정확히 이해한 사람은 몰랐을 때보다 암보험 약관을 더 유심히 보기 마련이다.

최소량의 법칙

독일의 화학자 리비히는 좋은 환경에서 자라는 식물들이 잘 자라지 않는 이유를 연구하다가 식물의 성장은 양이 가장 적은 어느 한

가지 요소에 의해 제어된다는 걸 밝혀내고 '최소량의 법칙' 이라고 이름 붙였다. 어떤 반응이 일어나는데 A, B, C 세 가지 요소가 필요한데 A와 B는 풍족하고 C가 모자란다면 반응은 C가 소모되는 순간까지만 일어난다.

자신의 주장이 전반적으로 옳다고 생각해서 상대방이 제시한 반대 의견이나 자신의 작은 논리적 모순을 경시하는 사람들이 있다. 사소한 부분을 경시하고 큰 그림만을 보는 스타일인데 대부분의 경우 반대 의견이나 논리적 모순에 발목이 잡혀 5:5 상황으로 종결되곤 한다.

눈부신 외모, 화려한 학벌, 자랑할 만한 집안을 가진 여성이 맞선을 볼 때 '제기랄' 을 입에 달고 있으면 좋은 인연을 만날 확률은 매우 줄어든다. 여성은 고운 말을 써야 한다는 19세기적인 주장을 하는 것이 아니다. 남자든 여자든 상식을 벗어나지 않는 최소한의 품위와 매너를 지켜야 한다는 의미이다.

모든 면에서 누구보다 뛰어날 수는 없지만 모든 면에서 최소량의 법칙은 지켜야 한다. 최소한의 요구치를 넘기지 못한 단 하나의 요소 때문에 설득에 실패할 수 있기 때문이다.

밴드 웨건 효과

유행에 편승하는 소비현상을 말한다. '밴드 웨건'은 서부시대 악대를 태우고 다니며 사람들을 불러 모으던 마차에서 유래된 용어인데 대중이 특정한 방향으로 유도되는 상황을 설명하기 위해 사용된다. 사교육 열풍은 '밴드 웨건 효과'와 연관이 있다. 다른 집 아이들은 다 영어 유치원에 다니는데 내 자식만 안 보내면 불안해서 너도나도 사교육을 시키는 것이다. 특정 패션 브랜드가 갑자기 유행하는 것도 마찬가지 이유이다.

'남들도 다 한다'는 논리는 생각보다 훨씬 강력한 힘을 발휘한다. "요새 차 없는 사람도 있어요?"라는 말을 들으면 무슨 수를 써서라도 자동차를 사야겠다고 강력하게 소망하게 된다. 팀을 이뤄 설득할 때 팀원들이 적극적으로 동조를 해주거나 손뼉을 치며 크게 동의하면 상대방은 설득당할 확률이 높아진다. 사람은 누구나 다수파에 속해 심리적 안정감을 누리고 싶기 때문이다. 지하철에서 물건을 팔 때 물건을 사주는 바람잡이를 고용하면 판매량이 훨씬 늘어나는 것도 밴드 웨건 효과를 이용한 고객 설득의 예이다.

확률 이론

하나의 사건이 일어날 가능성을 수로 나타낸 것이다. 기원은 고대 그리스의 아리스토텔레스까지 올라가고 현대적 의미의 확률은 베르누이의 저서 〈예측의 기술〉부터 시작되었다. 오늘날에는 휴대폰을 만들고 인공위성의 궤도를 계산하는 등 일상생활 전반에 모두 사용되고 있다.

확률은 어쩐지 그럴 것 같은 느낌과는 전혀 다르다. 과학적 기반 위에 놓인 고도의 수학이기 때문에 숫자를 이용한 확률은 수천 년 동안 인류의 역사를 지배해왔다.

확률은 카지노에서 도박할 때만 필요한 것이 아니다. 발생할 수 있는 이익과 손해를 확률에 근거해서 정확한 숫자로 산출할 수 있다면 사람의 마음을 움직일 확률 역시 높아지기 때문이다. 전반적인 부동산 침체기에 아파트를 파는 것은 에스키모에게 냉장고를 파는 것만큼 어려운 일이다. 이때 IMF 이후 부동산 시장이 회복되면서 전체 아파트 중 몇 %의 가격이 몇 %나 회복되었는지를 통계적으로 입증하는 것은 분양하는 아파트의 품질을 설명하는 것만큼 중요한 일이다.

잡종 강세의 법칙

유사형질 간의 동종교배를 반복하면 후손들에게서 퇴화현상이 일어나고 이질적인 형질 간의 잡종교배가 일어나면 우성형질이 나온다. 전자를 '동종교배 퇴화의 법칙'이라고 하고 후자를 '잡종강세의 법칙'이라고 한다. 역사적으로도 이민족과 섞이는 것을 두려워하지 않은 나라들이 강력한 힘을 발휘했다. 과거에 로마 제국이 그랬고 오늘날 미국이 그렇다.

내가 잘 아는 것만 반복해서 말하는 것은 설득을 위한 필요조건은 충족시켰을지 모르나 충분조건까지 만족시키는 태도는 아니다. 다른 영역의 정보나 아이디어를 이용해서 시너지 효과를 만들어야 설득할 수 있다. 스티브 잡스를 잘 모르는 사람에게 그의 업적을 줄줄 늘어놓는 것은 좋은 방법이 아니다. '전자업계의 리오넬 메시'나 'IT계의 마이클 조든'이라고 설명하는 것이 뜻을 가장 잘 전달하는 길이다.

오컴의 면도날 법칙

특정 현상을 설명할 때 불필요한 가정을 해서는 안 된다는 법칙이다. 면도날은 필요하지 않은 가설을 잘라버린다는 뜻이다. '사고 절약의 원리', '경제성의 원리'로도 불린다. '오컴의 면도날'에 따르면 같은 현상을 설명하는 두 개의 주장이 있을 때 간단한 쪽이 진리이다. 천동설을 뒷받침하기 위해서는 수십 개의 모델이 필요하지만, 지동설을 설명하는 데는 단 하나의 모델이면 충분하다. 진리는 절대 복잡하지 않은 법이다.

단순하고 간단한 방법으로 논리를 펼 수 있다면 절대로 복잡하게 바꾸어 말하지 말아야 한다. 가방끈이 길어지고 지식이 많아지면 말도 길어지고 많아지는 경향이 있다. 공부를 많이 한 대학교수들이 토론에서 상대편을 잘 설득하지 못하는 것도 대부분 이 때문이다. 불필요한 부분들은 머릿속에서 '오컴의 면도날'로 과감하게 도려내고 남은 핵심만을 이용해 단순하게 설득해라. 뉴턴이 발견하고 수식으로 정리한 만유인력의 법칙은 복잡한 과정을 거쳤고 온 세상을 뒤집어 놓았지만 단 한 줄이었다.

디테일의 법칙

과정상의 작은 차이가 커다란 결과의 차이를 만들어내는 것을 말한다. 날씨를 예측하는 프로그램에 브라질의 나비 날갯짓 수준의 변화를 입력했더니 텍사스 주에서 토네이도에 해당하는 효과가 발생하는 것을 보고 만들어진 '나비 효과'와 비슷한 개념이다. 정보와 아이디어가 세계적으로 공유되어 큰 부분에서 차이를 내기 어려운 요즘 더욱 주목받고 있는 이론이다.

어떤 상황에서 일반적으로 사용하는 설득의 방법이란 대부분 다양한 책, 방송 등에 공개되어 있다. 굵직한 부분에서 차이를 낼 수 없다면 세세한 부분에서 승부를 내야 한다.

빌 게이츠는 인재를 채용할 때 밥을 먹으면서 면접을 보는 것으로 유명하다. 아주 질긴 스테이크를 대접하면서 어떻게 문제를 해결하는가를 보는 식이다. 맛을 보기 전에 양념부터 뿌리는 지원자는 감점을 받는다. 성급한 판단을 내릴 가능성이 높기 때문이다. 빌 게이츠는 이렇게 세세한 부분에서 사람의 능력을 판단한다.

비슷한 스펙을 가진 지원자들 사이에서 심사위원의 마음을 사로잡기 위해서는 작지만, 분명히 다른 나만의 무언가가 있어야 한다. 세계 제일의 부를 가진 사람도 디테일의 법칙을 이용하는데 설득을 해야 하는 사람들의 경우는 더 말할 필요가 없을 것이다.

근접성 효과

가까운 거리에 있는 사람을 더 친근하게 느끼는 심리 현상을 말한다. 자주 마주치게 되고 익숙해지면서 정이 드는 것이다. 비슷한 개념으로 '노출 효과'가 있다.

가장 대표적인 사례가 에펠탑이다. 에펠탑은 1889년, 프랑스 혁명 100주년을 맞아 개최된 만국박람회의 기념 조형물이었는데 설치 당시에는 흉물스러운 철골 구조물로 인식되어 파리 시민들의 미움을 받았다. 프랑스 정부는 20년 후에 철거하기로 약속하고 간신히 에펠탑을 건설할 수 있었다. 시간이 지나면서 자꾸 보게 되자 에펠탑에 대한 호감이 점점 커지면서 오늘날 세계인에게 사랑받는 관광명소가 된 것이다.

설득하는 쪽도 당하는 쪽도 무생물이 아닌 사람이다. 이익이 있거나 자신이 어려움을 겪을 때만 나타나는 사람은 아무리 논리와 논거로 중무장하고 있다고 해도 상대방의 심리적 무장을 해제하기 어렵다. 본인의 노력 여하에 따라 더 많은 노출과 근거리 접근이 가능하다면 최대한 많이 노출하고 접근해야 한다. 설득은 입으로만 하는 것이 아니다. 발로도 해야 한다.

첫인상 효과

처음에 접한 정보가 판단에 큰 영향을 미치고 나중에 받아들이는 정보일수록 효과가 떨어지는 경향을 보이는 것을 말한다.

어떤 사람을 소개할 때 단점을 먼저 말하고 장점을 말하는 경우 반대로 했을 때보다 호감도가 크게 떨어지기 마련이다. 상대방이 듣기에 기분 좋거나 관심이 생길만한 이야기를 먼저 하는 것은 대단히 효율적인 설득의 방법이다. 술을 마시는 중에 목소리가 듣고 싶어서 전화했다고 말하는 사람과 통화하면서 술을 마시는 중이었다고 말하는 사람 중에 누가 연인의 마음을 얻을 가능성이 높아 보이는가?

수면자 효과

설득의 효과가 즉각 나타나는 것이 아니라 시간이 지남에 따라 증가하는 현상을 말한다. 시간이 지나면서 정보원에 대한 인상은 지워지고 메시지만 기억되기 때문이다.

협상 테이블에서 격렬한 토론과 논쟁을 벌이다 보면 감정이 상하기 십상이다. 이럴 때 지식인은 더욱 격렬한 토론을 벌이지만 현자는 잠시 휴식시간을 가진다. 이처럼 약간의 시간 공백을 두면 협상이 성공할 확률이 크게 높아진다. 쉬는 중에 상대방에 대한 기분 나쁜 감정은 약해지는 대신 건설적인 메시지가 강화되기 때문이다. 혼자 생각을 정리하는 동안 감정과 이성이 분리되면서 비록 말투는 기분 나쁘지만, 말은 옳다고 생각하게 되는 것이다.

쉽게 넘어오지 않는 상대를 무리하게 압박하는 것은 어리석은 일이다. 미국의 네트워크 마케팅 업체인 암웨이 사가 자신들의 방식이 합법적이고 합리적임을 인정받기까지는 수십 년의 세월이 필요했다. 하지만 지금은 수많은 소비자들의 이해와 지지를 얻어 동종업계의 제왕으로 군림하고 있다.

글쓰기

글을 쓰는 이유를 한마디로 설명하기는 어렵다. 프랑스의 사실주의 소설가 발자크는 유명해지기 위해서 글을 쓴다는 유명한 말을 남겼다. '고맙다, 나의 인생이여' 라는 묘비명으로 잘 알려진 미셸 투르니에는 남에게 읽히기 위해서 글을 쓴다고 했다.

일반적으로는 다음과 같은 이유로 글을 쓴다.
 -누군가와 의사소통을 하기 위해서
 -자신의 주장을 논리적으로 펼치기 위해서
 -정보와 자료를 효율적으로 전달하기 위해서

말은 순간적이지만 글은 영원하다. 우리는 링컨의 게티즈버그 연설을 현장에서 듣지 못했지만, 기록을 읽으며 위대한 리더의 생각을 접할 수 있다. 조앤 롤링이 책을 쓰지 않고 딸에게 해리 포터의 활약상을 실감 나게 말해주는데 만족했다면 기적의 베스트셀러는 세상에 나오지 못했을 것이다.

어떤 목적을 위해서 글을 쓰는가보다 더욱 중요한 것은 써야 한다는 것, 그리고 가능하면 잘 써야 한다는 것이다.

프로세스를 익혀라

사격할 때 최적의 방식은 지형, 날씨, 거리, 표적, 사용하는 총기에 따라 다양하게 변화한다. 하지만 호흡 조절, 긴장하지 않기, 총신 고정하기 등은 외부 조건과 상관없이 모든 사수가 지켜야 하는 공통의 규칙이다.

글쓰기에도 이런 기본적인 철칙이 있다. 바로 프로세스를 익히는 것이다. 세상의 질서를 뒤흔드는 혁명가가 되기 위해서 먼저 세상의 질서가 무엇인지를 알아야 하는 것처럼 기존의 상식을 뛰어넘는 글을 쓰기 위해서는 기존의 방식을 익혀야 한다.

이것이 글쓰기의 가장 보편적이고 강력한 프로세스이다. 실제로 글을 써보면 이 과정이 차례로 일어나지 않고 뒤죽박죽으로 진행될 것이다. 하지만 그렇다고 해서 프로세스가 불필요한 것은 아니다. 외국인과 대화할 때 회화책과 똑같은 상황은 하나도 없지만, 미리 반복 훈련한 패턴을 바탕으로 응용력을 발휘해서 상황에 대처하는 것과 같은 이치이다. 위의 프로세스를 고려하지 않고 무작정 첫 문장부터 쓰는 것은 5형식을 모르고 영작문을 하는 것만큼 어리석은 일이다.

독자를 분석하라

모든 글에는 독자가 있다. 심지어 일기조차도 언젠가 내가 독자로서 다시 읽을 순간을 고려하며 기록으로 남긴다.

독자에 대한 이해는 글쓰기에서 최우선적으로 고민해야 하는 부분이다. '작가가 무엇을 알고 있는가?' 만큼 중요한 것이 '독자가 무엇을 알고 싶어 하는가?' 이기 때문이다. 독자의 요구가 무엇이고 기대치가 어느 정도인지를 알아야 독자가 공감할 수 있고 독자를 설득할 수 있는 글을 쓸 수 있다.

이 간단한 질문을 한 작가의 글과 그렇지 않은 작가의 글은 소비자를 분석하고 만든 자동차와 생산자가 만들고 싶은 대로 만든 자동차처럼 커다란 차이를 가진다.

독자에 대한 고려만큼 글이 실리는 매체에 대한 이해도 중요하다. 각각의 매체는 서로 다른 기대를 한 독자를 대상으로 해서 작가의 표현방식 또한 달라질 수밖에 없기 때문이다. 인터넷 기사에 댓글을 다는 마음으로 논문을 쓰는 박사과정 학생을 상상해보라. 매체에 대한 이해가 얼마나 중요한지 느껴질 것이다.

입체적으로 생각하라

좋은 글이 좋은 생각에서 나온다는 것은 모두가 알 것이다. 그렇다면 어떻게 해야 좋은 생각을 떠올릴 수 있을까? 입체적으로 사고할 수 있도록 여러 가지 발상법을 소개하겠다.

자유롭게 생각하기 : 상상력을 발휘하는 가장 강력한 방법은 아무런 형식 없이 주제에 관해 떠오르는 생각들을 꼬리에 꼬리를 물고 이어가는 것이다. 이런 다양한 생각들 중에 벼락 맞은 것처럼 번뜩이는 하나가 걸릴 것이다.

자료를 보면서 연상하기 : 인간은 오감을 통해 정보, 자료를 받아들이면 기존의 지식과 연상 작용을 일으켜 새로운 생각을 떠올릴 수 있는 유일한 생명체이다. 이를 적극적으로 활용하는 것이다. 뉴턴이 떨어지는 사과를 눈으로 보지 못했다면 '만유인력의 법칙'이 아직 발견되지 않았을 수도 있다.

브레인스토밍 : 다양한 지식을 가진 사람들과 주제에 대해 이야기하다 보면 해답이 나오기 마련이다. 답이 나올 때까지 회의하는 '회의주의자들'이 선호하는 방법이다.

논거를 제시하라

논거란 어떤 사실이나 주장, 이론 등이 진실 또는 참임을 논리적으로 밝히는 근거를 말한다. 근거가 부족한 주장을 그럴듯하게 펼쳐봐야 사기꾼 취급이나 당한다.

좋은 글을 쓰고 싶다면 적합한 논거를 제시하며 자기 생각이 옳음을 증명하는 능력을 키워야 한다. 아래의 3가지 방법을 사용한다면 논거가 충분한 글을 쓸 수 있다.

추론 : 이미 참임이 증명된 기존의 명제로부터 결론을 유도해내는

과정을 말한다. 증거를 찾을 수 있는 주장을 뒷받침할 때 효율적인
방법이다.

실증 : 사고에 의해 논증하는 추론과 달리 경험적, 사실적, 실험적
으로 얻은 논거에 의해 증명하는 방법이다. 상대방의 역공을 무력화
시키는 가장 강력한 방법이다.

반증 : 실증적 근거에 의해 성립한 주장을 단번에 무너뜨리는 방법
이다. 특정 주장이 옳다는 것을 뒷받침하는 증거가 아무리 많다고 해
도 그 주장이 거짓이라는 증거가 하나라도 발견되면 거짓으로 판명되
기 때문이다.

설계도를 짜라

말은 잘하는데 글은 못 쓴다는 사람들이 많다. 말을 늘어놓는 습
관대로 글을 늘어놓기 때문에 벌어지는 일이다. 주제를 정하고 이를
뒷받침하는 근거들을 효율적으로 배치하는 설득의 전략을 짜지 않는
다면 독자는 그 글을 끝까지 읽어주지 않는다. 구슬이 서 말이라도
꿰어야 보배다.

설계도를 짜는 가장 기본적이고 강력한 방법은 3단 구성이다. 구

성은 단순히 배열하는 것이 아니라 문장이 서로 관계를 맺게 해서 새로운 의미를 창출하도록 유도하는 과정이다. 모두가 알고 있다고 생각하지만, 누구도 자신 있게 설명하기 힘든 것이 구성이다. 3단 구성의 각 요소에 들어갈 핵심을 이해한다면 쉽게 접근할 수 있다.

서론 : 도입, 문제 제기, 주제 구체화

본론 : 주장, 근거

결론 : 요약정리, 미해결과제 제시

표현력을 키워라

멋진 생각을 평범한 표현에 담는다면 평범한 생각을 멋진 표현에 담은 사람에게 밀리는 억울한 경험을 할 수도 있다. 네 가지를 기억하면 표현력에 대한 걱정을 크게 줄일 수 있다.

일반적으로 표현하기 : 대중에게 익숙한 언어 표현을 적절히 활용하면 글쓰기가 쉬워진다. 하지만 지나치게 남발하면 진부한 글이 되기 때문에 양을 조절해서 사용해야 한다.

감각적으로 표현하기 : 오감의 느낌을 글로 표현하는 방법이다. 쉽게 실전에 적용할 수 있다는 장점이 있다.

논리적으로 표현하기 : 이성적이고 짜임새 있게 생각을 정리하는 방법이다. 주제와 이를 뒷받침하는 근거로 구성되며 글에 무게감을 준다.

창의적으로 표현하기 : 기존의 것과 달리 새로운 시각에서 본 신선한 표현을 말한다. 난이도가 높지만 영향력도 크다.

고칠 수 있으면 고쳐라

재능을 타고난 극소수를 제외하면 절대다수의 대중에게 글쓰기는 고통스럽고 두려운 과정이다. 그래서 대부분 1차적으로 글을 완성하고 나면 쉽게 고치질 못한다. 문장 하나, 단어 한 개가 너무 귀하기 때문이다.

하지만 고쳐야 한다. 일필휘지의 필력을 자랑할 배짱이 없다면 말이다. 퇴고 시에는 다음과 같은 질문에 스스로 답해보라.

- 글의 전체적인 맥락에 어긋나는 부분이 있는가?

- 대상 독자에게 적합한 글인가?

- 논거가 충분한가?

- 더 좋은 표현이 있는가?

- 보다 효율적인 구성이 있는가?

- 첨가하거나 삭제할 부분이 있는가?

- 맞춤법에 맞는가?

특히 강조하고 싶은 부분이 있다. 완성된 글에서 최소한 10%를 지우라는 점이다. 과감하게 덜어내면 자기가 썼다고 믿기 힘들 만큼 날렵한 문장들을 만나게 될 것이다.

유머

유머는 듣는 이를 행복하게 하고 분위기를 부드럽게 하며 자신의 가치를 높이는 예술 활동이다. 또한, 무엇과도 바꿀 수 없는 위력을 발휘하는 승리자들만의 강력한 무기다.

문화의 시대를 대표하는 3F는 여성(Female), 감성(Feeling), 상상력(fiction)이다. 이 세 가지 키워드를 관통하는 하나의 공통점이 바로 유머(Fun)이다. 상상력을 활용해 사람의 감성을 자극하는 활동인 유머는 특히 여성들에게 강력하게 작용하기 때문이다. '개그맨들의 아내는 모두 미인' 이라는 말은 개그가 아닌 팩트임을 명심하라.

세상에는 두 종류의 리더가 있다. 유머를 구사할 줄 아는 리더와
그렇지 못한 리더. 당신은 어느 쪽이 되고 싶은가?

상황을 파악하라

"코미디는 타이밍이다."

코미디 황제 밥 호프의 명언이다. 유머를 잘 구사하기 위해서는 타
이밍을 포함해서 상황 전체를 한눈에 이해하고 있어야 한다.

타이밍 : 밥 호프의 말처럼 유머는 타이밍이다. 유머처럼 순발력이
중요한 말하기는 없다. 순발력이 무엇인가? 때를 잡아 치고 들어가는
힘이다. 특히 시작할 때와 끝날 때를 놓치지 말아야 한다. 또한, 상대
방의 생각이나 기대가 어느 한쪽으로 기우는 순간도 포착해야 한다.

반대방향으로 한 방 날릴 타이밍이기 때문이다.

스페이스 : 야한 농담도 잘하면 뜬다. 하지만 장소를 잘못 고르면 인간관계 망치기 쉽다. 유머는 장소에 따라 적절하게 사용해야 한다. 장례식장에서 아무리 웃겨봐야 욕만 먹는다. 때를 알았으면 장소까지도 가리는 법을 배워두자.

피플 : 유머는 대상이 되는 사람이 있다. 듣는 사람을 기분 나쁘게 만드는 유머는 금물이다. 뚱뚱한 사람 앞에서 돼지와 관련한 유머를 떠드는 것은 일종의 범죄행위다.

상대와 교감하라

외모가 눈부신 여성과 그렇지 못한 남성이 연인으로 발전하면 우리는 흔히 미녀가 부자와 만난다고 생각한다. 그런데 남자 쪽이 부자가 아닌 경우는 어떻게 설명할 것인가? 이 경우는 대부분 일상생활에서 자연스럽게 부딪히다가 공감대가 형성되고 기분 좋은 감정이 교류하면서 불꽃이 튄 것이다. 유머도 마찬가지이다. 교감의 기술이 중요하다.

눈을 맞춰라 : 우리가 받아들이는 정보의 70% 정도는 시각정보이다. 눈을 공략하지 못하면 웃길 수도, 설득할 수도 없다. 상대방과 눈을 맞추며 이야기하라. 부끄러워 시선을 피하는 사람이 있다. 필요한 정보 대부분을 거부하는 사람이다. 웃길 수 있을까?

상대의 말에 귀를 기울여라 : 상대를 파악해야 맞춤형으로 웃길 수 있다. 기독교 신자에게 예수에 대한 풍자는 유머가 아니라 신성모독일 뿐이다. 상대에 대해 파악하는 것 말고도 귀담아들어 두면 다른 장점이 하나 더 있다. 내가 상대방에게 적극적으로 반응하면 할수록 상대도 내 말에 더욱 적극적으로 호응하고 웃어준다는 점이다. 웃기고 싶은가? 먼저 상대의 말에 웃으며 반응하라.

나를 낮추고 상대를 높여라

스스로 망가지는 것을 두려워하는 개그맨은 없다. 최고의 예능인 유재석은 '메뚜기'가 되는 것을 마다치 않았고, 왕년의 코미디 황제 심형래는 '바보 영구'가 되었으며, 〈개그콘서트〉의 스타 김준현은 스스로 '돼지'임을 인정하며 스타로 발돋움했다.

자신을 낮추며 친밀감을 쌓아가는 화법은 듣는 이의 경계심을 누그러뜨리고 달콤한 웃음을 얻어내는 마력이 있다. 반면 자기자랑에 기반을 둔 유머는 격렬한 반발과 쓰디쓴 웃음만 가져온다.

장점을 칭찬하면 상대방이 미소를 지으며 관심을 보이는 경험을 누구나 해봤을 것이다. 특히 사회적 지위가 높은 사람이 이 방법을 사용하면 효과가 극대화된다. 누구도 아부라고 생각하지 않을 것이기 때문이다. 자신의 단점, 실수했던 일 등을 먼저 털어놓는 한편 상대방을 높여주면 기분 좋은 웃음과 한층 가까워진 인간관계를 얻을 수 있다.

왜 이 기술들을 반복해서 사용하지 않는가? 여성은 칭찬을 해주는 상대를 좋아한다고 한다. 남성은 잘난척하는 상대를 싫어한다고 한다. 반대의 경우는 다르다고 생각하는가?

학습하라

선천적으로 웃기는 재주를 타고난 사람은 이 책을 읽을 필요가 없을 것이다. 문제는 웃기는 것이 우습게 느껴지지 않는 대부분의 사람들이다.

유머 능력도 근육처럼 반복 학습으로 키울 수 있다. 단어를 많이 외워서 어휘력을 늘리고 세련된 문장을 많이 암기해 놓으면 실전에서 문장력이 높아지기 마련이다. 유머도 마찬가지이다. 최신 유머를 외우고 명언집을 뒤적거린 시간 만큼 유머력은 높아진다.

〈개그콘서트〉에 출연하는 개그맨들은 코너를 맡으면 100번 회의하고 100번 연습한 후에 한 번의 실전에 임한다. 이들은 프로임에도 웃기기 위해서 이토록 노력한다. 아마추어가 웃기고 싶다면 최소한의 성의라도 보이는 것이 도리가 아닐까?

생활의 일부로 만들어라

웃고 싶을 때 웃는 것은 누구나 할 수 있는 일이다. 웃고 싶지 않을 때 웃는 연습이 필요하다. 유머와 웃음을 생활화하는 것이다.

웃음은 인간과 짐승을 구별해주는 특징이다. 그런 웃음을 유발하도록 하는 유머는 인간이 다른 인간에게 줄 수 있는 최고의 선물이다. 뇌물은 주는 사람을 기분 나쁘게 하지만 유머라는 선물은 주는 사람조차 행복하게 만드는 마법의 기술이다. 무엇보다 중요한 건 돈이 들지 않는다. 인체의 면역력을 높여주고 스트레스를 해결한다. 어느 자리에서나 환영받는 사람이 될 수 있고, 인간관계의 범위가 넓어지기도 한다. 애인이 생기거나 바뀔 수도 있다.

일상생활에서 항상 웃고 웃기는 습관을 키워라. 상상하는 이상의 보답을 받게 될 것이다.

예상을 뛰어넘어라

유머에 관한 기술은 여러 가지가 있다. 하지만 이 모든 것을 한 문장으로 정리하면 예상을 뛰어넘으라는 것이다. 열쇠는 상상력이다. 상대방의 예상을 뛰어넘는 상상력이 큰 웃음의 비결이기 때문이다.

로널드 레이건 대통령은 1980년 당시 대통령인 지미 카터와 힘겨운 대권 경쟁을 벌이던 중 유머를 구사하면서 판세를 뒤집었다.

"불경기란 당신의 이웃이 실직할 때를 말합니다. 불황은 당신이 실직할 때를 말합니다. 그렇다면 경기회복은 무엇일까요? 그것은 지미 카터가 실직할 때를 말합니다."

깡마른 체구를 가진 작가 버나드 쇼가 거대한 비만형 체구를 자랑하는 친구를 만났다.

"남들이 보면 대기근이 온 줄 알겠네."

친구의 비아냥거림을 들은 버나드 쇼가 근심스러운 표정으로 대꾸했다.

"사람들이 대기근의 원인으로 자네의 음식에 대한 탐욕 탓을 할까 봐 걱정이네. 자네 괜찮겠나?"

사물을 보는 각도를 달리 해라

현대그룹을 창업한 정주영 회장은 고정관념이 사람을 바보로 만든
다며 한탄을 하곤 했다. 이는 유머에도 그대로 적용된다. 고정관념이
썰렁한 상황을 만들기 때문이다. 고정관념을 깨면 회사보다 감옥이
좋다는 생각도 해볼 수 있다.

- 회사에서는 한 평 남짓한 공간에서 대부분의 시간을 보내지만,
  감옥에서는 네 평이 넘는 방에서 지낼 수 있다.

- 회사에서는 자기 돈 내고 밥을 먹지만 감옥에서는 공짜로 세 끼
  식사를 제공해준다.

- 회사에서는 항상 잘 다려진 와이셔츠와 넥타이를 착용해야 하지
  만 감옥에서는 활동하기 좋은 옷을 입고 노타이로 지낼 수 있다.

이 말을 듣고 회사에 사표를 내고 감옥에 들어갈 방법을 연구할
사람은 없을 것이다. 하지만 평소와 다른 시각으로 사물을 보는 기회
가 될 수 있길 바란다.

모기를 퇴치하려면 어떤 공부를 해야 할까? 필자는 식품영양학을
공부하겠다. 모기가 정력에 좋다는 연구논문을 발표하면 이 땅에 모

기는 남아나지 않을 것이기 때문이다.

역전타를 날려라

유머의 백미는 상대의 날카로운 공격을 받을 때 이를 인정하는 제
스처를 취하다가 반전 있는 역공을 날리는 것이다. 보통 갈등상황이
벌어지면 화부터 내기 쉽다. 그래서 이 기술을 멋지게 구사하면 더욱
강력한 인상을 남길 수 있다.

상대의 공격을 유머로 맞받아치려면 자신이 인정한 단점이나 잘못
에서 긍정적이고 건설적인 부분을 찾아내야 한다. 그다음은 반전 드
라마를 펼치는 일만 남은 것이다.

- 고생 끝에 낙이 온다며 근면과 노력을 강요하는 잔소리꾼에게
  말해주어라. 고생 끝에 골병든다고.

- 여자에게 예쁘고 바른말만 쓰기를 강요하는 고리타분한 남자에
  게 말해주어라. 가는 말이 거칠어야 오는 말이 곱다고.

- 아는 길도 물어보며 가라는 지나치게 조심성 많은 사람에게 말
  해주어라. 아는 길은 곧장 가겠다고 말이다.

세일즈

세일즈맨은 정글에서 생존해야 하는 초식동물의 운명을 가지고 있다. 정글에 서식하는 다양한 동물들만큼 각양각색의 고객을 상대해야 하지만 어떤 경우에도 그들을 공격할 수 없기 때문이다. 세일즈맨은 자신만의 기술로 무장하고 온갖 위험이 도사리는 정글에서 살아남아 고객의 마음에 도달해야 하는 사람들이다.

대중은 자발적인 쇼핑은 좋아하면서도 누군가에 의해 판매를 강요당하는 것은 싫어하는 특성이 있다. 과거에 세일즈맨이 잡상인으로 불렸던 것은 이 때문이다.

하지만 좋은 제품을 합당한 가격에 판매하는 세일즈는 판매자뿐만 아니라 소비자에게도 이익이 되는 행위이며, 인간이 할 수 있는 가장 창의적인 활동이다. 이처럼 중요한 세일즈와 관련해서 고수들이 감춰두고 사용하는 노하우와 비법을 파헤쳐보자.

체험을 제공하라

제품에 대해 설명하면서 고객이 직접 참여하도록 유도하는 경우와 세일즈맨 혼자서 신 나게 떠드는 경우를 각각 상상해보라. 체험을 제공하고 싶은 강력한 욕구가 솟아날 것이다.

소비자가 가진 의심과 두려움은 직접 사용해보기 전까지 사라지지 않는다. 수동적인 설명이 아닌 능동적인 참여를 통해 제품의 장점을 발견한 소비자는 높은 구매의욕을 갖기 마련이다.

택시기사들이 많이 선택하는 차가 베스트셀러가 된다. 하루에도 수십 명의 손님들이 직접 차량에 탑승해 택시기사로부터 차 자랑을 듣는 셈이기 때문에 구전 마케팅 효과가 엄청나다. 비싼 몸값의 디자이너가 만든 안내책자 100페이지를 읽는 것보다 한 번의 체험이 더 효율적이다.

방탄유리를 판매하는 회사에서 일하는 1등 세일즈맨의 비법은 고객 앞에서 망치로 유리를 강하게 내리치는 모습을 보여주는 것이었다. 그런데 갓 들어온 신입사원이 선배의 기록을 가뿐히 넘어버렸다. 어떻게 했을까?

답은 간단하다. 신입사원은 자신이 망치를 내리치는 대신 고객의 손에 망치를 쥐어줬던 것이다. 스스로 유리를 때려본 고객들은 방탄 유리의 강도를 뼈저리게 느낄 수 있었다.

구매 후의 효과를 명확히 제시하라

고객은 바보가 아니다. 돈을 내고 제품을 샀을 때 어떤 이점이 있는지를 따지지 않는 소비자는 없다. 이성적으로 이해하면 지갑을 열게 되어 있다. 효과에 대해서 일목요연하게 설명하는 것이 핵심이다.

니즈를 충족시킴을 강조하라 : 모든 소비는 필요에 의해 발생한다. 아무리 좋은 제품도 불필요한 사람에게 팔기는 어렵다. 소비자의 니즈를 파악해 이를 만족하게 하는 서비스를 갖추고 있음을 밝히는 것이 핵심이다.

비용보다 더 가치가 있음을 설명하라 : 무료로 나눠주는 샘플이 아닌 이상 누구라도 비용대비 효과를 계산한다. 경쟁사의 제품들과 비교해서 가격보다 가치가 우수함을 증명해야 한다.

이점을 수치화시켜라 : 세일즈맨은 문학보다 수학을 활용할 줄 알아야 한다. 현란한 수사를 늘어놓으면 사기꾼처럼 보인다. 간단한 숫자를 사용해 설명하면서 고객의 신뢰를 얻고 제품의 강점을 돋보이게 해라.

세일즈보다 중요한 것은 애프터서비스다

사람들은 대부분 시작과 끝에서 일을 망친다. 시간과 비용을 투자하고 마지막에 일을 망치는 경우는 시작과 동시에 망하는 경우보다 훨씬 치명적이다. 많은 세일즈맨들이 판매 후의 관리에 실패하기 때문에 최고가 될 기회를 놓친다.

판매는 종료가 아닌 새로운 시작이라는 마음가짐을 가져야 한다. 고객은 제품에 대한 불만보다 AS에 대한 불만 때문에 브랜드를 바꾼다.

삼성전자는 품질만큼 AS로 유명한 기업이다. 외국 자동차회사들이 국내시장을 쉽게 공략하지 못하는 가장 큰 이유도 AS가 뒤지기 때문이다.

당신이 자동차 세일즈맨이라고 가정해보라. 차 한 대를 파는데 들이는 노력의 몇 %를 구매고객 사후관리에 사용할 생각인가? 정답을 알려주겠다. 100% 이상을 사용해라.

사도 바울이 기독교를 세계종교로 만들 수 있었던 것은 그에게 배운 사람이 끝없이 교리를 전파해나갔기 때문이다. 사도 바울은 최고의 세일즈맨이다. 그에게서 기독교의 이념을 들은 신자들이 끝없이 입소문을 내고 다니도록 사후 관리했기 때문이다.

고객을 정보의 바다에 빠뜨리지 마라

고객에게 정보와 자료의 폭탄을 투척하는 세일즈맨들이 의외로 많다. 이성적으로 이해시키는 것과 머리에 쥐가 나게 하는 것은 별개의 문제이다. 고객이 원하는 것은 방대한 정보와 자료가 아니라 꼭 필요한 정보와 자료이다. 교재를 줄줄 읽어주는 강사는 비싼 수업료를 받을 수 없다. 족집게 강사가 높은 연봉을 자랑한다.

핵심만 제공하라 : 휴대폰의 작동원리를 알고 싶은 고객은 없다. 그들이 원하는 것은 인터넷 속도, 배터리 수명, 통화 품질 같이 중요한 정보들이다. 핵심만 제시하고 나머지는 과감하게 생략해라. 늘어놓는다고 유식해 보이지 않는다. 눈치 없어 보일 뿐이다.

쉽게 설명하라 : 유명한 연설가들은 쉽게 설명한다. 버락 오바마는 'CHANGE'라는 단어 하나로 선거를 치렀다. 세일즈맨은 어려운 제품

정보를 쉽게 설명해야 할 운명을 가진 사람이다.

 : 고객이 무엇을 궁금해하는지 정확하게 아는 사람은 지구상에 그 고객뿐이다. 제발 그만 떠들고 고객의 말을 들어라. 그리고 묻는 말에만 대답하라.

꼭 사게 만들어라

압도적인 제품을 파는 것은 쉬운 일이다. 애플의 아이폰이나 삼성의 갤럭시S를 파는 것은 어렵지 않다. 고객이 돈을 들고 매장 앞에서 줄을 서고 있기 때문이다. 호경기에 물건을 파는 것도 쉬운 일이다. 손님으로 발 디딜 공간도 없는 시장에서는 강아지도 지폐를 물고 다닌다. 크게 필요하지 않은 평범한 제품을 불경기에 파는 것이 진정한 세일즈맨이다.

발상의 전환만이 유일한 무기이다. 기름값이 치솟는 상황에서 구형 석유난로를 팔기 위해서는 어떻게 해야 할까? 필자라면 중동으로 날아가겠다. 사막의 밤은 무척 춥다. 그래서 낮에 그토록 무더운 중동의 가정집에는 모두 난로가 있다. 그들이 어떤 연료를 사용하겠는가? 전기나 원자력은 아닐 것이다. 물보다 싼 석유를 사용할 것은 자명한 일이다. 그들에게 팔아야 한다.

사물을 보는 각도를 바꾸면 없던 시장을 찾아낼 수 있다. 콜라는 처음에 소화제로 개발되었다. 하지만 청량음료로 팔리면서 비로소 전설적인 음료가 되었다. 대중에게는 평범한 소화제보다 독특한 청량음료가 필요했던 것이다.

핵심고객에 집중하라

세일즈의 세계에는 허수와 실수가 있다. 숫자가 중요한 것은 맞지만, 그 안에 빠져버리면 정확한 수치를 읽어낼 수가 없다. 왜 이런 오류가 발생할까? 바로 고객들이 서로 동등한 중요성을 갖지 않기 때문이다. 많은 사람을 만나는 것이 중요한 것이 아니라 구매 가능성이 높은 사람을 많이 만나야 한다.

선택하라 : 잠재력이 높은 고객리스트를 만들어야 한다. 한 사람이 쏟아 부을 수 있는 노력은 한정되어 있다. 한정된 탄알로 최대의 효과를 내려면 총을 난사해서는 안 된다.

집중하라 : 방탄재질의 방패도 한 곳에 집중적으로 총알을 맞으면 뚫리기 마련이다. 범위를 좁혔으면 그 안에 모든 노력을 쏟아라.

 : 가장 실수하기 쉬운 부분이다. 새로운 고객을 유치하려는 노력은 모든 세일즈맨이 한다. 문제는 기존에 자신을 믿고 제품을 구매해준 고객에 대한 서비스이다. 새 구매자를 찾는 노력보다 기존의 구매자에게 재구매를 유발하는 노력이 훨씬 적다는 점을 절대 잊지 마라.

내가 세일즈 하는 모습을 관찰하라

입장을 바꿔본다는 말은 언제나 유용하다. 만약 당신이 세일즈 하는 모습을 멀리서 지켜볼 방법이 있다면 당신은 부끄러워 견딜 수 없을 것이다. 평소에 상상도 하지 못했던 단점들이 눈에 들어오기 때문이다.

자신의 세일즈 하는 모습을 녹음하거나 녹화해서 확인해보는 것은 세일즈 관련 학위를 취득하는 것보다 더 많은 것을 알려준다. 고객의 반발심을 일으키는 말투와 태도로 세일즈를 반복하는 것은 실패로 가는 지름길이다.

주변의 동료나 전문가들에게 객관적인 평가를 부탁하는 것도 좋다. 적은 아첨하지만, 친구라면 충고해줄 것이다. 동료는 나도 모르는 내 모습을 아는 소중한 사람들이다. 그들에게 자신의 부족한 점이 무엇인지 끊임없이 물어라. 그리고 그런 지적이 나오지 않을 때까지

고쳐라.

　세일즈만큼 인과율이 독하게 적용되는 영역도 없다. 결과만 바라지 말고 과정에 문제가 없는지 끊임없이 점검해야 한다.

마케팅

마케팅(Marketing)은 시장(Market)과 활동(~ing)이 결합한 단어다. 시장에서 기업이 고객에게 가치를 제공하고 이에 대한 보상을 받기 위해 벌이는 모든 활동이 여기에 해당한다.

마케팅에서 가장 중요한 것은 소비자의 관점에서 모든 것을 생각하고 소비자의 욕구를 충족시키는 제품이나 서비스를 개발하여 자발적인 구매가 이루어지도록 하는 것이다. 문제는 소비자의 마음을 읽는 것은 꼬리에 불이 붙은 야생마의 등에 올라타는 것만큼 어려운 일이라는 점이다.

하지만 과학자들이 복잡하기 짝이 없는 우주의 탄생을 몇 가지 법칙을 이용해 설명하는 것처럼 종잡을 수 없는 마케팅에도 불변의 원리들은 존재한다.

전쟁터에 나갈 때 좋은 무기를 가지고 간다고 해서 반드시 승리하는 것은 아니지만, 맨손으로 나가면 무조건 패배한다. 여기서 밝히는 원리들도 마찬가지이다. 일단 머릿속에 넣어두면 마케팅 전쟁에서 승리할 확률을 높여줄 것이다.

둘 이상 얻기 위해 하나는 내주어라

쉽게 설명하겠다. 시장 점유율을 올리고 싶다면 포기하는 부분, 희생하는 영역이 있어야 한다는 것이다.

먼저 제품군을 조정해야 한다. 노키아는 2G폰 시장을 포기하지 못하고 우유부단하게 대응하다가 스마트폰 시장에서 '넘버원'의 지위를 잃었다. 삼성전자가 애니콜 브랜드를 버려가면서까지 스마트폰 시장에 집중한 것과는 정반대의 대응이었다. 결과는 노키아의 몰락과 삼성의 비상으로 나타났다.

혜택도 고려해야 한다. 모든 소비자는 가격이나 부가서비스 등의 혜택에 주목한다. 제품의 질이 압도적이라면 고가격 전략을 구사하면서 불친절한 서비스를 제공해도 문제가 없겠지만, 다양한 경쟁자들과

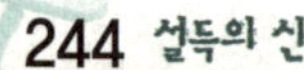

힘겨운 싸움을 벌이고 있다면 가격을 낮추고 서비스의 수준을 높여야 한다.

유니클로나 자라가 왜 성공했다고 생각하는가? 그들은 적절한 품질의 제품을 낮은 가격에 팔면서 친절하기까지 했기 때문이다. 루이뷔통 마케팅 관계자가 아니라면 고객에게 어떤 혜택을 제공하기 위해 무슨 분야에서 포기와 희생을 감수할 것인지 진지하게 고민하는 것은 필수이다.

정직하라

스스로 부정적인 면을 인정하면 소비자는 긍정적인 평가를 해줄 것이다. 마케팅 과정에서 정직성이 큰 효과를 낼 수 있다.

정직은 상대방의 경계심을 무장해제 시킨다. 스스로 고백한 부정적 내용은 대개 진실로 받아들여진다. 정직의 목적은 자기비하가 아니라 신뢰구축이고, 결과적으로는 최선의 공격 무기이다.

1982년, 미국의 정신이상자가 타이레놀 캡슐에 청산가리를 집어넣어 8명이 사망하는 비극적 사건이 일어났다. 제조사인 존슨앤드존슨은 직접적인 책임이 없었음에도 창고의 재고물량과 시중에 유통되는 타이레놀 전량을 회수해서 폐기했다. 당시 돈으로 1억 달러라는 엄청난 비용이 소요됐지만, 고객의 안전이 기업의 이윤에 우선한다는 사규를 철저하게 지켰다.

현재 타이레놀은 처방전 없이 살 수 있는 가장 대중적인 의약품 중 하나이다. 정직하고 책임감 있는 회사에서 제조한 제품이라는 이미지가 소비자의 마음을 얻는 결정적인 역할을 한 것이다.

단순한 메시지에 집중하라

가장 강력한 마케팅의 비법은 소비자의 마음에 하나의 메시지를 심은 후에 그것을 독점하는 것이다. 경쟁자에게 '껌이라면 역시 롯데껌' 이라는 카피보다 무서운 것은 없다.

단순한 하나의 메시지에 힘을 모으면 소비자의 마음속에 깊은 인상을 남길 수 있다. 거대한 성공을 거둔 브랜드는 대부분 단어 하나로 상징되는 메시지를 소유하고 있다.

볼보의 전성기는 '안전' 이라는 단어와 함께했다. '가장 안전한 자동차' 라는 이미지를 타 브랜드에 빼앗긴 후로 볼보는 내리막길을 걸어야 했다. 애플은 '혁신' 이라는 단어를 소유하고 있고 구글은 '검색력' 이라는 단어에 집중해서 세계시장을 장악했다. 도미노 피자는 '속도' 를 소유하기 위해 노력했다. 아타리는 '게임기' 의 대명사였지만 컴퓨터 시장에 뛰어들면서 이를 버렸다. 그들이 버린 단어는 닌텐도가 주워 황금알을 낳는 거위가 되었다.

범위를 좁히고 초점을 하나로 모아야 한다. 모든 것을 대표하려고
하면 아무것도 대표할 수 없게 되어 버린다.

최초가 되어라

최고가 되는 것보다 최초가 되기가 훨씬 쉽다. 많은 기업들이 이
원리를 모르기 때문에 절대 강자와의 힘겨운 싸움에 모든 에너지를
낭비하곤 한다.

콜라 시장에서 코카콜라를 상대하는 것보다 쌀 음료 '아침햇살'
을 만드는 것이 시장에 효율적으로 진입할 수 있는 방법이다. 하버드
대학이 미국 최고의 대학이 될 수 있었던 원동력 중에는 미국 최초의
대학이라는 점도 중요하게 작용했다.

지프는 최초의 오프로드용 사륜구동 자동차였고 지금까지도 시장
에서 선두권을 유지하고 있다. 픽사는 3D 애니메이션의 선구자이며
최강자이다.

최초 브랜드가 강자로 군림하는 이유는 관련 제품의 대명사가 될
가능성이 높기 때문이다. '스카치테이프' 나 '포스트잇' 은 특정 제품
을 지칭하는 고유명사이다. 하지만 이들을 대신할 대명사가 딱히 생

각나지 않을 것이다.

최고보다는 최초가 되어라. 전화를 최초로 발명한 사람은 벨이다. 특허출원을 간발의 차이로 늦게 한 에디슨이 모든 것을 놓쳤음을 잊지 않기 바란다.

최고의 전략을 분석하라

최초도 아니고 최고는 더더욱 아니라면 어떻게 해야 할까? 신세 한탄을 할 작정이 아니라면 업계 최고의 전략을 자세히 분석하기 바란다. 챔피언을 분석한 후에 도전자의 준비가 시작되는 법이다.

리더를 모방하라는 말이 아니다. 리더가 놓치고 있거나 감당하지 못하고 있는 영역을 찾아서 해결책을 제시하라.

아우디는 벤츠가 승차감을 저해한다는 이유로 후륜구동에 집착할 때 상시 사륜구동 시스템으로 명차의 반열에 들어섰다. 후륜구동으로 승부했다면 어땠을까? 타이레놀은 아스피린이 위장출혈을 일으킬 수 있다는 연구결과가 나온 직후 위장 환자를 중심으로 시장에 파고들었다. 손정의가 만년 꼴찌 이동통신업체인 보다폰재팬을 인수할 때 많은 사람들이 미쳤다고 했다. 하지만 그는 업계 선두기업들이 통화료에 집착하는 사이 아이폰을 들여와 데이터 사용료로 수익을 내는 묘안으로 승부했다.

위의 성공 사례는 모두 1등의 전략을 분석하고 비어있는 틈을 발견해 대안을 제시하고 있다. 1등을 따라 하면 1등이 되는 것이 아니라 짝퉁이 된다.

트렌드를 읽어라

많은 마케터들이 유행과 트렌드를 구별하지 못한다. 유행은 일시적인 현상이지만 트렌드는 장기적인 흐름이다. 유행을 따르는 마케팅은 짧은 성공에 그치지만 트렌드를 읽은 마케팅은 긴 성공을 보장한다.

'조개구이' 나 '안동찜닭' 은 유행했지만, 곧 사라졌다. 하지만 '웰빙 푸드' 는 트렌드가 되어 외식문화를 주도하고 있다. '다마고치' 는 유행했지만 트렌드가 되지는 못했다. '헬로키티' 는 고유의 이미지를 지키는 전략을 수립해 철저히 수행함으로써 트렌드로 남아있다.

유행은 일정 기간에만 유의미한 수요가 있고 법칙성을 찾기 어려워서 기업의 안정적인 수익원이 될 수 없다. 하지만 트렌드는 본래의 기

능이나 가치에 의해 수요가 일어나기 때문에 기업의 역량을 집중할 가
치가 있다.

라이벌을 활용하라

모든 기업은 독점을 꿈꾼다. 경쟁자가 없어서 광고할 필요도 없고
연구개발도 쉬엄쉬엄 해도 된다. 하지만 이런 시장의 강자는 오래가지
못한다.

일본이 세계적인 전자, 자동차 강국이 된 것은 라이벌들이 우글거
렸기 때문이다. 일본은 한때 11개의 완성차 업체가 경쟁을 벌였다. 요
즘 한국 전자제품이 세계를 휩쓰는 것도 삼성과 LG가 형성하고 있는
라이벌 구도가 큰 도움이 됐다.

할리우드 영화의 경쟁력은 막강한 실력을 갖춘 스튜디오끼리 치열
하게 경쟁했기 때문이다. 레알 마드리드에게 바르셀로나라는 라이벌
이 없다면 스페인리그가 세계 최고의 경쟁력을 갖지 못했을 것이다.
아디다스가 없는 나이키가 매력적인가? 롯데리아 없는 맥도날드는 맛
있을까?

라이벌은 관점에 따라 지긋지긋한 모기 같은 존재일 수도 있고 나

를 키워주는 은인일 수도 있다. 강력한 라이벌이 있다면 이들을 적극적으로 활용하라. 라이벌 업체보다 더 뛰어난 무언가가 있다는 말보다 소비자를 자극하는 것은 없기 때문이다.

면접

경쟁이 치열한 채용시장에서 수많은 낙오자가 생겨나고 있다. 상위 1%의 경쟁력을 가진 구직자를 제외하면 누구도 취업을 낙관할 수 없는 상황이다.

최근 학력을 보지 않고 인재를 선발하는 기업이 늘면서 입사시험에서 면접은 당락을 가르는 가장 결정적인 요소로 떠오르고 있다. 원하는 직장을 얻기 위해서 체계적으로 면접을 준비해야 하는 시대가 온 것이다.

면접은 자신이 살아온 인생을 압축해서 보여주는 한 편의 영화와 같다. 별생각 없이 임하면 별 볼 일 없는 결과뿐이다. 옷차림에서부터

말투, 질문에 대한 답변, 약점에 대한 커버, 강렬한 인상을 남기는 법
까지 알아야 하는 것은 많고 시간은 적다. 지금부터 핵심적인 내용을
빠짐없이 살펴보도록 하자.

첫인상이 중요하다

기업의 채용담당자들은 모두 첫인상을 중시한다. 예외는 없다. 한
번의 만남으로 만들어지고 바꾸기가 매우 어려운 것이 첫인상이다.

자신이 관찰당하고 있음을 명심하라 : 면접관 앞에서뿐만 아니라
대기실이나 면접이 끝난 후 복도에서도 항상 면접을 보는 기분으로
긴장하고 있어야 한다. 당신이 회사의 정문을 들어서는 순간부터 나
갈 때까지 처음으로 마주치는 모든 사람이 당신에게 첫인상을 받기
때문이다.

복장을 갖춰라 : 특별한 복장지침이 없다면 정장을 입어야 한다.
본인이 빌 게이츠나 마크 주커버그, 스티븐 스필버그가 아니라면 말
이다. 비싼 옷을 입을 필요는 없다. 자신의 체형에 어울리고 지나치게
구형이 아닌 정장을 튀지 않게 입으면 된다.

 : 면접관이 자리에 앉기를 권하기 전까지 먼저 움직이지 않는 것이 좋다. 악수를 권하지도 않았는데 먼저 손을 내미는 용기는 면접장에서는 필요 없다. 겸손하면서도 자신감 있는 자세와 눈빛이 핵심이다.

회사에 대해 알고 들어가라

지원한 회사와 업무에 대해 철저하게 준비하고 면접장에 들어가야 한다.

회사의 역사와 주력분야, 해당 트렌드, 경쟁사와의 차이점 등을 사전에 숙지하지 않으면 일자리를 얻지 못할 것이다. 가장 중요한 요소는 회사의 미래에 관한 내용이다. 해당 회사의 앞날에 대한 예측과 긍정적인 대안을 가지고 있는 사람이 채용된다.

지원하는 업무에 관해서도 충분히 이해하고 있어야 한다. 관련된 학위나 경력, 자격증에 대해 사전에 파악해야 한다. 해당하는 부분이 있다면 강조해야 하고 없다면 방어할 방법을 찾아야 하기 때문이다. 필요한 기능이나 능력도 같은 방법으로 대비해야 하고, 팀별로 일해야 하는지 개인적으로 움직이는지도 미리 계산하는 것이 좋다.

이력서와 면접을 연계시켜라

이력서에는 단순한 정보를 기록하는 수준을 넘어서는 스토리를 넣어야 한다. 측정할 수 없는 가치를 가진 인재임을 드러내야 하기 때문이다.

먼저 학력은 물론이고 직무 경험과 특별한 활동경력을 모두 기록해야 한다. 그리고 이런 내공이 쌓여서 회사의 문제를 능히 해결할 능력과 아이디어를 가지고 있음을 부각해야 한다.

면접관의 머리에서 이야기가 만들어지고 그림이 그려지도록 하는 것이 핵심이다. 명문대에서 마케팅을 전공한 사람보다 패스트푸드 점에서 최고의 판매사원으로 일한 경험을 가진 사람이 유리할 수 있는 것이 면접이다.

이력서에 적힌 모든 내용은 자신이 지원하는 업무와 연관되도록 구성되어야 한다. 이종격투기를 잘하는 것은 대단한 재주지만 텔레마케팅 업무와는 무관해서 도움이 되지 않는다.

직책과 연관시키라는 말이 아니니 착각하는 일이 없길 바란다. 취업에서 직책은 두 번째 문제이다. 업무에 적합한 인재는 직책을 얻기 마련이다.

꼬투리를 잡히지 마라

면접관의 입장에서 지원자를 당황하게 하는 가장 손쉬운 방법은 이력서의 내용이나 면접 중의 발언 가운데에서 트집을 잡는 것이다. 이를 통해 면접관은 지원자가 엄밀하게 면접을 준비하지 못했음을 증명할 수 있고, 지원자의 위기대응능력도 파악할 수 있다.

당신이 이력서에 적은 모든 말은 문제가 될 수 있다. 그래서 입력하는 정보는 정확해야 하고, 지나친 과장이나 거짓이 섞여 있어서는 안 된다. 문법적으로 오류가 있거나 맞춤법에 어긋나는 부분도 당연히 없어야 한다.

합격하고 싶은 욕심에 면접 중에 거짓을 말하거나 과장하는 경우가 있는데 이 역시 절대 금해야 한다. 지원자가 아무리 면접 경험이 많다고 해도 백 번을 넘는 경우는 드물다. 당신이 면접장에서 상대해야 하는 면접관은 당일에만 백 명이 넘는 지원자를 상대한 사람이다. 속일 수 있다고 생각하는가?

약점을 물어뜯는 공격에 대비하라

노련한 면접관이라면 당신이 가진 장점보다 약점을 보려고 할 것이다. 약점에 대처하는 능력을 통해 장점까지 볼 수 있기 때문이다. 면접장에서 자신에게 불리한 약점을 건드리는 질문을 받을 경우 많은 사람들은 의기소침해지거나 어쩔 줄 몰라 당황한다.

하지만 기회를 만났다고 생각하면 문제를 해결할 실마리를 찾을 수 있다. 업무와 관련해서 부적절한 자질이나 실패했던 경험에 대해 질문을 받는다면 실수를 통해 한층 성숙해진 자신을 드러낼 찬스를 만난 것이다.

약점에 관한 질문을 받았을 때 절대 당황하거나 저자세를 보이면 안 된다. 지적받은 약점에 대해 이미 본인이 충분히 알고 있다는 표정으로 의연하게 답변을 시작해야 한다.

그렇다면 어떻게 대답을 해야 할까? 모든 실수에는 그로 인한 손해를 만회하고도 남을 만큼의 교훈이 들어있는 법이다. 이를 잘 활용해 분위기를 자신에게 유리한 방향, 자신이 업무에 적합한 인재임을 드러내는 쪽으로 전환해야 한다.

1학년 때 낮은 학점을 받은 기록이 문제가 된다면 그 일을 계기로 성실한 습관을 얻게 되어 다시는 같은 실수를 하지 않았음을 강조해야 한다.

강렬하게 마무리하라

모든 일이 그렇듯이 면접도 마무리가 중요하다. 많은 경우 면접이 끝나갈 무렵에 마지막으로 하고 싶은 말을 묻는데 성공적인 면접의 경우에는 굳히기를, 수세에 몰렸던 면접의 경우에는 뒤집기를 시도할 찬스가 온 것이다. 아래의 두 가지를 고려해 자신에게 주어진 마지막 기회를 최대한 살려야 한다.

해명 : 앞부분에 미처 말하지 못했던 말들을 해야 한다. 시험 볼 때 가장 중요한 것은 아쉬움을 남기지 않는 것이다. 면접도 마찬가지이다. 억울한 부분에 관해 자신을 스스로 변호하길 바란다.

강조 : 면접장의 분위기를 가장 잘 아는 사람은 지원자 본인이다. 특별히 추가로 해명할 것이 없다면 유난히 반응이 좋았던 장점을 강조하는 것이 좋다. 면접관은 많은 지원자를 만난다. 강한 인상을 남긴 자만이 기억된다는 것을 명심하라.

추가 : 지적받은 부분을 어떻게 고칠 것인지 말하며 면접을 마무리하는 전략은 효과적이다. 입사 이후의 계획, 회사에서 성장한 미래의 자기 모습 등을 언급하는 것도 좋다.

다양한 상황에 대비하라

　기업이 원하는 인재는 스펙이 뛰어난 사람이 아니라 일 잘하는 사람이다. 달달 외운 정답을 말하는 지원자가 아니라 창의적으로 생각하는 방법을 아는 지원자가 승리한다.

　기업에서는 이런 인재를 가려내기 위해서 다양한 방법을 동원한다. 술자리에서 면접을 보거나 관계자와 함께 기숙하며 장기간 면접을 보는 회사도 있다. 훌륭한 인재를 뽑기 위해서라면 험한 산을 오르기도 하고 해병대 캠프에 집어넣기도 한다. 체육대회를 개최하거나 오디션 형식의 입사시험을 치르는 곳도 있다. 엉뚱한 질문을 던져놓고 반응을 살피는 것은 미국의 IT 기업에서 오래전부터 사용하는 방식이다.

　이런 다양한 상황에 대처하는 가장 좋은 방법이 있다. 예방주사를 맞는 것이다. 독감 백신은 대단한 것이 아니다. 독감이 유행하기 전에 미리 소량의 균을 체내에 투입해 면역력을 키워놓는 것이 전부이다. 하지만 이 작은 노력으로 우리는 독감을 견뎌낸다.

　입사하려는 회사에서 주로 하는 면접을 파악해서 미리 조금씩 경험해두어라. 면접관이 엉뚱한 질문을 쏟아내는 회사에 입사하고 싶다면 비슷한 유형을 모아놓은 책을 한 권 읽어라. 눈앞이 환해질 것이다.

프레젠테이션

예전에는 침묵이 금이라 했다. 말실수로 멸문지화를 입는 경우가 많았기 때문에 생긴 격언일 것이다. 하지만 지금은 시대가 바뀌어 자기 생각을 효율적으로 드러내는 표현력이 금이다.

프레젠테이션은 청중을 대상으로 다양한 시청각 자료를 활용하여 본인이 직접 손짓하고 말하는 가장 적극적인 설득 과정이다. 흔히 프레젠테이션을 말솜씨와 비슷한 개념으로 이해하는 사람들이 있는데 착각에서 최대한 빨리 깨어나길 바란다. 프레젠테이션은 말솜씨를 포함한 종합예술이기 때문이다.

상대방의 머리와 마음을 움직이는 프레젠테이션은 회사의 운명을

좌우하는 계약을 성사시키기도 하고, 올림픽이나 월드컵 같은 국제대회를 유치하기도 한다. 요즘 대학생들에게 프레젠테이션 능력을 갖추는 것은 리포트 쓰는 실력을 쌓는 것만큼 중요하다.

멋진 생각을 하는 사람이 멋진 방법으로 이를 전달하지 못하는 것은 비극이다. 이런 비극을 막기 위해서 내 머릿속의 생각을 온전히 다른 사람의 머릿속으로 옮기는 방법, 즉 프레젠테이션의 기술을 익혀보자.

자신 있게 전달하라

자신감 있는 발표는 프레젠테이션의 성공을 좌우하는 핵심 요소이다. 발표를 듣기 위해 앉아있는 사람은 대부분의 경우 문제에 대한 해답이나 대안을 원한다. 그런데 발표자가 자신 없는 모습을 보인다면 내용이 아무리 좋다고 해도 기대하는 해답이나 대안처럼 느껴지지 않는다.

눈을 맞추어라 : 허경영은 "내 눈을 바라봐"라고 외치며 세간의 시선을 끌었다. 그가 공중부양술을 아는지는 확실하지 않지만 설득할 때 눈을 맞춰야 한다는 것을 아는 것은 확실하다. 청중과 눈을 맞추지 못하고 천장이나 바닥을 보는 발표자가 의외로 많다. 이런 태

도로는 자신감을 드러낼 수도, 신뢰감을 줄 수도 없다. 청중과 골고루 눈을 맞추는 노련한 시선 처리가 중요하다.

제스처를 넣어라 : 예전에 웅변대회가 유행했다. 꼬마들이 손짓, 발짓을 섞어가면서 목이 터져라 연설을 하는 식이었는데 가만히 서서 말을 하는 아이는 없었다. 왜 그럴까? 제스처를 해야 역동적이고 당당하게 보이기 때문이다. 프레젠테이션은 21세기의 웅변이다. 꼬마들도 해냈다. 당신도 제스처를 사용하라.

내용에 뼈대를 세워라

전체의 구조를 잡으면 준비의 80%는 끝난 셈이다. 창의적 에너지의 대부분은 구조를 짜는데 사용되기 때문이다. 상대를 설득하는 최고의 무기는 논리적인 구조를 통해 결론을 도출하는 것이다. 정교한 구조를 짤 수 있는 POSST 5단 구성에 대해 알아보자.

Punch Line : 펀치를 날리듯 강렬하게 주의를 끄는 부분이다. 명언으로 시작하기, 질문 던지기, 시청각 자료 활용하기 등의 방법으로 이목을 집중시킨다.

Overview : 프레젠테이션의 전체 그림을 보여주는 부분이다.

Story Line : 핵심적인 주장과 근거를 제시하는 부분이다.

Summary : 말한 내용을 요약하는 부분이다. Overview의 범위를 벗어나지 말아야 논리적인 프레젠테이션이 된다.

Touch Line : 마지막으로 강렬한 인상을 남기는 부분이다. 간결하면서 감동적인 멘트를 준비하는 것이 핵심이다. Punch Line과 대구를 이루도록 구성하는 것이 바람직하다.

더하기보다 빼기가 중요하다

하고 싶은 말을 모두 하는 것은 누구나 할 수 있는 일이다. 칭찬을 듣고 싶다면 핵심만 골라내는 판단력이 필요하다. 얼마나 많이 알고 있는가를 증명하려면 필기시험을 치고 높은 점수를 따내면 될 일이다. 프레젠테이션은 양이 아닌 질의 영역이다. 지식이 아닌 지혜를 구하는 작업이기 때문이다.

문장보다는 단어 위주로 구성하라 : 발표 자료에 글자를 많이 쓰

지 말아야 한다. 잔뜩 적어놓고 뿌듯해 하는 것은 혼자만의 착각이다. 청중이 원하는 것은 언제나 핵심 키워드이다. 내용을 대표할 수 있는 간결하고 강력한 단어와 짧은 문장 위주로 텍스트를 구성해야 한다.

시각과 청각 자료를 적극적으로 활용하라 : 그림은 글자보다 많은 것을 보여준다. 교통신호에 글자를 사용하지 않는 것은 이 때문이다. 그림, 영상, 도표, 음성파일 등을 적극적으로 활용해서 간결한 텍스트를 보강해야 한다. 물론 이 자료들 역시 방대하게 늘어놓기보다는 많은 내용을 포괄하는 자료들 위주로 선별해서 사용해야 한다.

돋보일 방법을 고안하라

성과를 내는 직원과 내지 못하는 직원 사이에 가장 큰 차이가 무엇일까? 성실성이나 전문지식 때문이라고 생각하기 쉽지만, 전문가에게 물어보면 압도적으로 창의성이라고 답한다.

프레젠테이션에서 가장 중요한 것은 창의성이다. 이는 문제에 대한 대안이나 해결책을 제시하는 부분에 국한되는 말이 아니다. 전달 방식 자체도 창의적이어야 한다. 스티브 잡스의 프레젠테이션은 팝스타의 콘서트처럼 사람들의 기대를 모았고 그 기대는 언제나 충족되었다.

도서관에서 창의성에 관한 책을 넘겨보면 다양한 방법이 기술되어 있다. 여기서는 필자가 생각하는 최고의 방법을 소개하겠다.

무관한 영역에서 접점을 찾아라 : 간단한 마술이나 물리 실험을 이용하거나 연극적 요소를 넣는 식을 말한다. 개그콘서트의 코너를 응용해도 좋고 퀴즈쇼의 형식을 빌려와도 무방하다. 발표하는 자신을 돋보이게 할 수 있다면 어떤 영역의 무슨 요소라도 가져와 사용하라. 신선한 발표였다는 기분 좋은 칭찬을 받게 될 것이다.

디자인을 할 때는 원칙을 지켜라

같은 값이면 다홍치마라 했다. 기왕이면 디자인의 개념을 가진 자료를 이용해야 한다.

슬라이드 1장에는 1개의 테마만을 넣어라 : 한 화면에 너무 많은 주제가 있으면 짧은 시간에 파악할 수 없다. 하나의 슬라이드에는 하나의 테마만을 담아야 한다. 가장 극단적인 경우에는 단어 하나만을 큼지막하게 띄워놓고 발표자가 말로 설명하기도 한다.

 : 포털사이트에 접속해보면 극히 단순한 색깔을 사용해 화면을 구성하는 것을 볼 수 있다. 네이버에 어울리는 색깔은 녹색뿐이다. 색을 많이 쓰면 집중력이 떨어지고 주의가 분산되기 때문에 사용하는 색을 제한해야 한다. 또한, 조명이 있는 상태에서 발표하는 경우라면 밝은색은 피해야 한다. 뒷자리에 앉은 사람들은 조명 때문에 색을 구별할 수 없다.

 : 파워포인트 문서를 꾸밀 때 가장 중요한 것은 디자인이 내용을 강조하고 알아보기 쉽게 하려고 존재한다는 점이다. 재주는 다른 곳에서 뽐내고 주연인 핵심 내용을 빛내주는 조연으로서의 디자인에 만족하라.

개요로 시작하고 요약하며 끝내라

가장 많은 시간을 할애하는 본론이 가장 중요하다고 생각하기 쉽지만, 프레젠테이션에서 가장 중요한 부분은 서론과 결론이다. 적당히 시작해서 대충 마무리하는 프레젠테이션을 기억해줄 사람은 아무도 없다. 가장 단순하면서 강력한 프레젠테이션의 3단 구성에 대해 알아보자.

서론 : 오프닝 멘트를 통해 주의를 환기하고 이목을 집중시켜야 한다. 그리고 프레젠테이션의 전체적인 개요를 듣는 이의 머릿속에 입력시켜야 한다.

본론 : 핵심적인 주장을 펼치고 뒷받침하는 근거를 제시해야 한다. 이때 근거는 단수가 아닌 복수로 준비해야 한다.

결론 : 본문의 내용을 정리하면서 클로징 멘트를 통해 강렬한 인상을 남기는 것이 핵심이다.

실전처럼 연습하라

오로지 연습만이 완벽을 만드는 법이다. 실전경험이 풍부한 군대가 강력한 전투력을 발휘하는 것처럼 실전과 유사한 연습을 거듭한 발표자가 멋진 프레젠테이션을 할 수 있다.

거울 앞과 목욕탕에서 혼자 연습하라 : 거울 앞에서는 자신의 모습을 보며 동작, 표정, 시선 등을 점검할 수 있기 때문에 미처 발견하지 못한 문제를 찾아낼 수 있다. 목욕탕에서는 에코가 발생하기 때문에 마이크를 사용하는 것처럼 연습할 수 있다. 게다가 두 곳 모두 청중이 없으므로 부끄러워할 필요도 없다.

누군가의 앞에서 시도하라 : 키우는 강아지나 인형이라도 앉혀놓아라. 권투선수도 샌드백을 대상으로 연습한다. 허공에 펀치를 날리는 것과 상대가 있는 경우는 차이가 크기 때문이다. 가장 좋은 상황은 실제로 청중의 리액션을 보면서 연습하는 것이다. 가족이나 친구, 포털 사이트의 관련 동아리에서 만난 사람들을 활용하길 바란다.